Journal intime d'un chat acariâtre

À Sita, notre petit chat
acariâtre d'amour.

Les auteurs :
Frédéric Pouhier est auteur de nombreux livres d'humour chez First et de one-man shows. **Susie Jouffa** est auteur, communicante, amoureuse des chats en général... et du sien en particulier.

ISBN : 978-2-7540-5778-3
Dépôt légal : février 2014
Imprimé en Italie
Direction éditoriale : Aurélie Starckmann
Mise en page : Istria
Couverture et création graphique : François Warzala

Éditions First, un département d'Édi8
12, avenue d'Italie
75 013 Paris – France
Tél. : 01 44 16 09 00
Fax : 01 44 16 09 01
E-mail : firstinfo@efirst.com
Site internet : www.editionsfirst.fr

Frédéric Pouhier & Susie Jouffa

Journal intime d'un chat acariâtre

FIRST Editions

Je me présente, mon nom est Edgar, je suis un petit chat de six mois, vif, intelligent, extrêmement beau, facile à vivre et modeste. Après avoir bourlingué de foyer en foyer, je viens d'être recueilli, contre ma volonté, par une famille dont je ne connais pas le nom. Appelons-les la famille Crétin, ça leur va à merveille.

Que vous dire de mes nouveaux geôliers ? La famille Crétin est composée d'un couple d'une banalité affligeante, Marc et Séverine, de deux enfants, Rodolphe, cinq ans, un petit blond aussi mignon que bête, et Léa, une adolescente de quatorze ans s'intéressant plus aux matous qu'aux études, et enfin, de Patapouf, un chien amorphe de race indéterminée.

C'est ma nouvelle vie que je vais vous raconter, chaque jour, dans mon journal intime.

Signé : **un petit chat acariâtre.**

3 JUIN

1er jour de captivité

Mais bon sang ! Qu'est-ce que je fiche dans cette boîte ? Pour info, je ne suis pas un colis UPS, mais un chat sauvage, un félin, un rebelle, un tatoué.

Bon, de toute façon, il était grand temps que je quitte ce refuge. Je déteste plus que tout la compagnie de mes congénères, ce mélange d'odeurs nauséabondes, cette promiscuité, ces petites cages sans confort et cette nourriture sans saveur, digne des repas de la SNCF. Qu'ai-je fait pour mériter ces semaines d'incarcération ? Si, au moins, j'avais braqué une animalerie pour y dérober des boîtes et des croquettes... mais même pas ! Je suis innocent.

Il paraît que j'ai été adopté par une famille « très sympathique ». Je demande à voir, car je ne suis pas du genre à brader mon affection aux premiers venus.

4 JUIN

2e jour de captivité

Qu'est-ce que c'est que ces têtes niaises et ces sourires flagorneurs ? Et arrêtez de me caresser ! On se connaît à peine, c'est gênant.

Laissez-moi respirer un peu et arrêtez, par pitié, de me parler comme à un nourrisson. Je comprends autre chose que les onomatopées. Je suis, par contre, d'accord avec vous sur un point, je suis effectivement très beau.

5 JUIN

3e jour de captivité

Chers lecteurs, je suis totalement épuisé. Imaginez le travail nécessaire pour mettre mon odeur dans chaque recoin de ce pavillon de 150 mètres carrés.

Et ça, en essayant à tout prix d'éviter les caresses et les câlins de mes nouveaux geôliers. Je vais vraiment devoir mettre les choses au point avec eux. Je ne suis pas une peluche mais un animal sauvage. Il va bien falloir qu'ils le comprennent... tôt ou tard ! Soyez honnêtes : est-ce que je ressemble à une peluche ?

Bon, c'est vrai, je ressemble peut-être un peu à une peluche, mais les chats existaient en premier. Ce sont les fabricants de peluches qui se sont inspirés de nous. Et ce, sans nous demander d'autorisation préalable, et sans nous payer de royalties non plus d'ailleurs. Si l'un de vous est avocat d'affaires et se sent de pouvoir plaider ce dossier, qu'il se manifeste !

Et, ne l'oubliez pas, les ours aussi sont des peluches. Si vous croisez un ours dans les Pyrénées, suivez mon conseil : ruez-vous sur lui pour lui faire des câlins, des poutous et des caresses. Et lorsque vous serez sur votre lit d'hôpital, n'oubliez jamais que les chats non plus ne sont pas des peluches !

À bon entendeur, chalut !

7 JUIN

5e jour de captivité

Ce matin, action coup de poing ! J'ai décapité une souris et j'ai apporté son corps sur le lit des parents Crétin. Cette action est certes barbare, mais nécessaire pour faire comprendre à mes geôliers ce dont je suis capable !

La mission a lamentablement échoué. Au lieu d'inspirer de la terreur au couple, ils se sont extasiés bêtement et se sont répandus en louanges :

« Mais quel bon chat, quel bon chasseur ! »

J'ai bien peur de devoir monter d'un cran dans la violence...

8 JUIN

6e jour de captivité

Cher journal, je me rends compte que je ne t'ai toujours pas présenté Patapouf, le chien de la maison, de race indistincte, 10 kilos de poils longs, de bave, une boule de bêtise et d'amour immodéré pour tout le monde. Il vénère la famille Crétin, il aime les voisins, il aime manger, il aime sortir, il aime jouer, il aime dormir et, pire encore, il m'aime.

9 JUIN

7e jour de captivité

C'est d'une patte tremblante que j'écris ces quelques lignes depuis les hauteurs de l'armoire où j'ai trouvé refuge depuis deux heures.
J'ai vu la chose la plus horrible qu'il m'ait été donné de voir dans toute ma vie :

une petite fille de deux ans prénommée Victoire. Je frémis encore en me remémorant son arrivée dans le salon, courant d'un pas non assuré vers moi, du haut de ses 90 centimètres, et en hurlant :
« Le minou !!! Je veux jouer avec le minou. Maman, je vais faire câlin au minou... »

10 JUIN
8e jour de captivité

Il a plu toute la journée, un temps à ne pas mettre un chat dehors ! Pourtant, je suis quand même sorti. N'écoutant que mon courage, je suis allé dans le jardin pour salir mes belles pattes toutes propres dans la boue, et ensuite me les essuyer consciencieusement sur le nouveau tapis beige des Crétin.

13 JUIN

11e jour de captivité

J'ai des revendications sanitaires supérieures à la moyenne de mes congénères. Je pense que tout chat qui se respecte un minimum doit exiger de ses ravisseurs que sa litière soit changée au minimum une fois par jour.

Il ne m'a pas fallu plus de deux jours pour le faire comprendre. Ma technique est imparable : pisser dans le sac à main de madame, lui faire mes yeux de chien triste (qui feraient fondre un iceberg aussi rapidement qu'un micro-ondes) et lui indiquer de mon regard implorant ma litière souillée.

14 JUIN

12e jour de captivité

Plus les jours passent, plus la famille Crétin me consterne. Malgré mon désintérêt flagrant, ils s'obstinent ponctuellement à faire pendouiller devant mon nez de petits objets au bout d'une ficelle, espérant provoquer en moi de la joie, de la bonne humeur ou que sais-je encore !

Nous n'avons définitivement pas le même sens de l'humour. Moi, ce qui me fait mourir de rire, c'est de voir leur tête, au petit matin, lorsqu'ils découvrent avec effroi leur nouveau canapé en cuir lacéré par mes soins.

Ça m'a demandé un gros travail cette nuit, mais le résultat en valait la peine. Du coup, je vais me coucher, le cœur léger, fier du travail accompli.

15 JUIN

13e jour de captivité

Il paraît que les humains retombent toujours sur leurs pattes. Voilà pourquoi, ce matin, je me suis levé tôt afin de réaliser une petite expérience scientifique.
Je me suis caché sur l'avant-dernière marche de l'escalier où j'ai attendu patiemment le réveil de mon maître (mon Dieu, que je déteste ce terme de « maître » !). Bref, j'ai attendu que le mâle alpha de la famille se lève, les yeux encore bouffis de sommeil, qu'il commence à descendre l'escalier, me découvre sur la marche, perde l'équilibre et tombe lamentablement en bas des escaliers.

16 JUIN

14e jour de captivité

Vous ai-je parlé de mon jardin ? Non ? Ce n'est pas Versailles mais je l'aime bien. Il n'est pas très grand, cependant je ne désespère pas de conquérir, sous peu, les jardins mitoyens. Il a un grand arbre au milieu, une douce pelouse, une balançoire pour les enfants et une niche pour le chien Patapouf.

Il n'y a qu'un chien pour accepter, de temps en temps, de dormir dans ce bidonville canin. Figurez-vous qu'à l'intérieur, il n'y a pas le moindre confort, ni sofa, ni radiateur, ni même un réfrigérateur. Je peux vous assurer que l'homme qui me fera dormir là-dedans n'est pas encore né !

17 JUIN

15e jour de captivité

« Minou, viens ici. »
« Fais-moi un câlin, minou. »
« Minou, c'est l'heure de manger. »
Je ne supporte plus que l'on m'appelle « minou » ! C'est un surnom absolument ridicule convenant plus à un gogo danseur d'un bar gay qu'à un chat de race comme moi !
Je mérite un surnom digne de moi, comme Alexandre le Grand, Napoléon, Louis XIV, Attila… quelque chose correspondant bien plus à ma personnalité que ce ridicule « minou ».
Vous imaginez la honte de me faire appeler « minou », lorsqu'un de mes congénères rôde dans mon jardin ? J'en rougis encore sous mes poils.

18 JUIN
16e jour de captivité

Hier soir, j'ai regardé un documentaire passionnant sur l'Égypte antique à la télévision. Saviez-vous que, dans cette civilisation hautement évoluée, les chats y étaient vénérés ? Nous y étions considérés comme un symbole de protection et comme l'incarnation de deux déesses sœurs, filles du dieu Râ.

Étant, vous le savez, facile à vivre, tolérant, patient et d'une grande modestie, je m'emploie depuis lors à ce que la famille Crétin me vénère du matin au soir. Sinon, je me verrai dans l'obligation d'utiliser mes pouvoirs divins pour faire pleuvoir des éclairs sur leurs pauvres petites têtes de mortels.

19 JUIN
17e jour de captivité

À 1 heure du matin, mon maître… *beurk !* Décidément, je déteste l'appeler comme ça, ça m'est aussi désagréable que d'avoir des poils sur la langue. Donc, mon « maître » a travaillé tard, hier soir, sur un rapport urgent qu'il devait remettre à son directeur. Le sentant épuisé, à bout de nerfs, et voulant lui apporter mon aide, je me suis allongé sur le clavier de son ordinateur afin de compléter son dossier par un brillant chapitre intitulé : *gdyeugduyzegiefgizyuzateuyazreuyzareuyzareyuzareyurzayueryuzauyzareyuazreyuraze.jiyyrt*

Croyez-le ou non, Marc n'a rien trouvé de mieux que de me crier dessus et de me virer du bureau.

20 JUIN

18e jour de captivité

Traitez-moi de sentimental mais je commence à m'habituer à ma nouvelle famille. Ce ne sont certes pas des génies, loin de là, mais ils s'occupent correctement de moi, même s'il me reste encore beaucoup de travail pour les dresser correctement.
Je dois vous le confesser, ce que j'aime le plus au monde, c'est m'introduire dans toutes sortes de sacs, sacs en plastique, sacs en papier, mais ce que je préfère, ce sont les sacs à main en cuir. Oui, j'ai beau être un matou, j'aime les sacs à main !
Ce soir, lors d'un cocktail, j'ai vidé le sac d'une amie de Séverine pour m'y cacher. Après avoir éparpillé ses cigarettes et son portefeuille au milieu du salon, j'ai sorti de son sac un *sextoy* de taille conséquente. La jeune femme s'est alors mise à hurler dans toute la maison. Elle est partie, en larmes, emportant son sac avec elle, avant même que je puisse en faire une cabane.

21 JUIN
19e jour de captivité

C'est décidé, je quitte cette famille, certes sympathique mais un peu étouffante. Je suis un animal sauvage, après tout. Mes griffes sont faites pour trucider n'importe quel ennemi, mes dents sont des armes tranchantes, mon intelligence et mon sens de l'observation font de moi un redoutable prédateur. Qu'ai-je à craindre de la vie sauvage ? Je le sens, l'aventure m'appelle. Je lance aujourd'hui l'opération Alcatraz.

Je viens de visionner l'intégralité des épisodes de *Prison Break* afin de préparer au mieux mon évasion. Et ce, même si je ne suis pas très chaud pour me faire tatouer les plans de la maison sur ma peau, que, de toute façon, je n'arriverai pas à lire sous mes poils. Quant à mes oreilles, elles ne pourront contenir autant d'informations !

22 JUIN

20e jour de captivité

10 heures du matin, profitant de l'arrivée du facteur, je m'évade du pavillon familial et je sens dans mes moustaches le grand air, celui de la liberté.
10 h 05, on ne va pas se mentir, il fait quand même très froid dehors ! J'ai beau porter le plus seyant des manteaux de fourrure, je suis d'un naturel frileux. De plus, je n'arrive pas à repérer une seule souris et le repas du midi approche à grands pas. Et quand bien même j'arriverais à attraper une satanée souris, je n'ai aucune idée de la façon de la cuisiner.
10 h 10, je suis de retour à la maison. Ne considérez pas ce retour comme une capitulation. Voyez-y plutôt une retraite tactique. Je suis un chat sauvage, certes, mais qui apprécie le confort d'une petite sieste auprès d'un feu de bois après un copieux déjeuner.

23 JUIN

21e jour de captivité

J'ai entendu dire que, nous autres les félins, avions neuf vies. Cette idée me plaît énormément. J'ai d'ailleurs commencé à faire la liste de mes envies pour mes prochaines vies :

- Être le chat de Karl Lagerfeld et faire la couverture de tous les magazines de mode.
- Être le chat de Paul Bocuse pour pouvoir chaparder les plats les plus raffinés de sa cuisine.
- Être le chat d'un maharaja pour pouvoir jouer dans un palais immense.
- Être le chat d'un dictateur pour faire castrer tous les vétérinaires.
- Être le chat de Dark Vador pour pouvoir détruire les vétérinaires ayant survécu au cours de ma précédente vie.
- Et, enfin, être le chat de Dieu pour l'empêcher de créer des vétérinaires.

P. S. : Ne pensez surtout pas que j'en veuille à cette profession en particulier.

25 JUIN

23e jour de captivité

Je souhaiterais profiter de ce journal intime pour pousser un coup de gueule contre la nullité des programmes de télévision.

Je déteste les émissions que m'inflige la famille Crétin tous les soirs. Je n'aime pas les séries policières où les méchants jouent au chat et à la souris avec les gentils. Mais, pires que tout, ce sont les séries médicales que je déteste le plus. Elles me rappellent trop le vétérinaire. Je suis également très déçu par le *Télé à chats*. Il n'y est pas question de nous, mais de vulgaires appareils ménagers. Les seuls programmes de télévision qui trouvent grâce à mon regard critique, ce sont les émissions culinaires, qui me font saliver les babines.

26 JUIN
24e jour de captivité

Une fois n'est pas coutume, j'ai passé une excellente journée aujourd'hui. J'ai découvert le jeu le plus drôle du monde, dérouler du papier toilette et le répandre dans toute la maison. Imaginez la tête de Marc, rentrant du travail en compagnie de son nouveau patron. Je suis persuadé que je ne me lasserai jamais de ce jeu.

27 JUIN
25e jour de captivité

Je me suis lassé de ce jeu. C'est impressionnant à quelle vitesse j'arrive à m'ennuyer.

28 JUIN
26e jour de captivité

Même quand je suis en colère, je suis mignon. C'est mon drame. Hier soir, voulant montrer ma désapprobation devant ma gamelle remplie de croquettes light, je me suis installé sur la table basse du salon, face à la famille Crétin réunie devant la télévision, l'œil noir, le regard accusateur, suintant de colère. Et quelle fut la réaction de ces veaux ?
« Mais comme il est beau ! Oh oui, tu es mignon, Edgar. Bon chat ! »
C'est terrible d'être, à ce point, incompris.

29 JUIN

27e jour de captivité

Vous ai-je déjà parlé de mon pire ennemi ? Non, pas le vétérinaire, mon autre pire ennemi : Minnie, la chatte du voisin. 3,4 kilos d'animosité, 50 centimètres de laideur. Vous autres, humains, vous n'arriverez jamais à comprendre la haine que nous nous tenons entre chats. Pour nous, les autres chats sont l'équivalent de votre chef de service, de vos inspecteurs du fisc, d'une femme vous volant la dernière robe taille 38 durant les soldes ou de votre cousin raciste et macho.

30 JUIN

28e jour de captivité

Qu'est-ce que j'apprends en feuilletant les magazines féminins de la jeune Léa ? Le port de la moustache serait jugé ringard par 98 % des femmes ! Ringarde, la moustache ? Mais qu'est-ce que c'est que ce délire ? Imaginez Magnum, Salvador Dalí ou Freddie Mercury sans leur moustache ! En ce qui me concerne, je refuse de raser mes belles bacchantes, elles me donnent l'élégance d'un Errol Flynn et la virilité d'un Omar Sharif. De plus, sachez, humains incultes, que nos moustaches sont essentielles à notre équilibre et qu'elles nous servent de radars de précision. Sur ce, je vous laisse à vos ridicules considérations esthétiques. Moi et mes moustaches, nous retournons nous coucher.

1er JUILLET
29e jour de captivité

Lundi : siestes.
Mardi : siestes.
Mercredi : siestes.
Jeudi : siestes.
Vendredi : siestes.
Après une semaine épuisante, je pense avoir bien mérité un week-end de repos.
Je ne peux décemment pas passer mes journées à dormir. Je dois me reprendre en main, laisser une trace dans l'histoire, écrire une œuvre monumentale, peindre un chef-d'œuvre, composer un opéra, trouver un traitement contre le cancer… Mon Dieu ! J'en suis fatigué par avance, je crois qu'une petite sieste s'impose.

2 JUILLET
30e jour de captivité

Hé ho ? Je suis là ! J'existe ! Hé, espèce de lobotomisé du cerveau, je suis là !
C'est toujours la même chose quand Marc est devant son ordinateur, il est comme hypnotisé, il ne voit rien d'autre. J'ai beau passer entre ses jambes, ronronner, miauler, monter sur son bureau, rien n'y fait ! Je me sens aussi transparent qu'une robe de Lady Gaga.
Je ne comprends vraiment pas cette passion pour les nouvelles technologies. Moi, je préfère chasser les souris que de cliquer bêtement dessus. L'informatique m'intéressera le jour où l'on pourra télécharger de la nourriture. D'ailleurs, ça me rappelle que je n'ai rien mangé depuis deux heures.
Hé ho ? Je suis là ! J'existe ! Hé, espèce de lobotomisé du cerveau, j'ai faim !

3 JUILLET

31e jour de captivité

Aujourd'hui, c'est le premier jour des soldes et je m'en fiche. Personnellement, je change de pull deux fois par an. J'ai un pelage d'été et un pelage d'hiver et je dois bien l'avouer, je suis un brin conservateur. J'aime mon pelage tigré. Il ne me viendrait pas à l'idée de changer de look, d'opter pour un pelage noir (qui porte malheur, selon certains humains décérébrés), pour un pelage blanc, bien trop salissant, ou bien pour un pelage angora que je trouve vieillot. Alors, pour moi, le jour des soldes, je m'offre une longue sieste.

4 JUILLET
32e jour de captivité

Oh, mon Dieu, je ne tiens plus sur mes pattes, je suis high, complètement perché, stone.
Je viens de découvrir l'herbe à chat. C'est extraordinaire, j'adore, j'en veux encore, donnez-m'en, je veux plonger dans une piscine d'herbe à chat, je veux être entièrement recouvert d'herbe à chat, je veux me rouler toute la nuit dans de l'herbe à chat. C'est la sensation la plus merveilleuse que j'ai jamais connue. Comment ai-je pu vivre sans herbe à chat ? Vous autres humains, je ne sais pas si vous avez l'équivalent d'un tel bonheur ? Mais ça m'étonnerait qu'il y ait une quelconque herbe qui vous rende euphoriques à ce point.

5 JUILLET
33e jour de captivité

Pourquoi est-ce que ces imbéciles ont caché l'herbe à chat dans le placard ? Comment vais-je pouvoir l'ouvrir ? J'en ai besoin, je suis complètement accro.
J'ai beau donner des coups de fesses contre le placard, il reste désespérément fermé. Pourtant, je sens à travers la porte les délicates et enivrantes effluves de MON herbe. Je vais finir par transpercer le bois avec mes griffes.
Après une heure de grattage intensif, la porte est toujours intacte.
Existe-t-il des centres de désintoxication pour l'herbe à chat ? J'ai l'impression d'être un petit peu dépendant…

6 JUILLET
34e jour de captivité

Je me suis réveillé avec une question existentielle : y a-t-il un Dieu pour les chats ? Et si oui, à quoi ressemble-t-il ?
Pour ce qui est du diable, je l'imagine sans problème dans la peau d'un vétérinaire. Mais Dieu ?
J'ai posé la question au chien de la famille. Il m'a donné la réponse la plus idiote du monde : mon Dieu, c'est mon maître.
Partagé entre l'envie de rire et de vomir devant cet esclave sur pattes, j'ai continué à réfléchir au problème et j'en suis venu à cette conclusion : s'il existait un Dieu pour les chats, il sentirait bon l'herbe à chat, il aurait le pouvoir de marcher sur l'eau du bain, de multiplier les boîtes et il serait tellement courageux que même un aspirateur ne lui ferait pas peur. Et, bien sûr, tous les chats le vénéreraient. Non mais, je plaisante, avez-vous déjà vu un chat vénérer qui que ce soit ?

7 JUILLET
35e jour de captivité

Je me demande si je ne fais pas une allergie à l'homme. Il y a bien des hommes qui sont allergiques aux chats. C'est bien simple, lorsque je vois un homme s'approcher de moi pour me caresser, j'ai tout de suite des frissons et envie de vomir. Les symptômes sont clairs, non ?

8 JUILLET
36e jour de captivité

Règle n° 1 : Les chats ne s'excusent jamais. Ils laissent ça aux chiens.
Règle n° 2 : Les chats ne suivent aucune règle, exceptée la règle n° 1.

9 JUILLET

37e jour de captivité

Une bonne fois pour toutes, mettez-vous dans la tête que je ne suis pas une peluche ! Je suis l'ange du mal, je suis Attila. Est-ce qu'il vous viendrait à l'idée d'aller voir Vladimir Poutine en lui disant :

« Viens, mon petit, je vais te faire des papouilles ! »

Non ?!? Ou alors vous finiriez dans une prison secrète du FSB. Eh bien, pour moi, c'est pareil : PAS DE CÂLINS*.

* À moins que ce ne soit moi qui les demande (j'ai honte mais j'aime qu'on me gratte le dos).

10 JUILLET
38e jour de captivité

Cher journal,
je viens de découvrir avec effroi que j'étais un animal domestique. Oui, vous l'avez bien lu : do-mes-tique, du latin *domesticus*. Mais pour qui me prennent-ils ? Pour la femme de chambre d'un hôtel particulier où vit un couple de bourgeois ? Moi, un animal domestique ? Jamais je ne ferai partie d'une quelconque domesticité. Je me considère plus comme un prince déshérité ayant trouvé le gîte et le couvert chez un couple de gueux qui ne me méritent pas.
Voilà qui est dit ! Maintenant, le « domestique » va faire une bonne sieste en attendant que ses « maîtres » lui préparent son dîner. Non mais !

11 JUILLET
39e jour de captivité

Liste de mes endroits préférés pour dormir :

- Le clavier de l'ordinateur de Marc.
- Le tapis de la salle de bains.
- Le canapé en cuir.
- La niche de Patapouf.
- La penderie de Léa pour mettre des poils sur ses cachemires.
- Le tiroir du salon où sont rangés les papiers importants.

Liste de mes endroits préférés pour vomir : les mêmes...

Il faut que je vous fasse une confidence : ce n'est pas très glamour, mais nous, les chats, nous vomissons beaucoup. Ne croyez pas que nous faisons cela pour vous embêter ou pour garder la ligne. Imaginez devoir faire votre shampooing avec votre langue... vous verrez qu'il est nous est utile de régurgiter quelques boules de poils. C'était un épisode de « Mieux comprendre la vie des chats ». Rendez-vous demain, même heure.

13 JUILLET
41e jour de captivité

Il paraît que demain nous partons tous en vacances. Je ne sais pas exactement ce que ça signifie, mais cela ne me dit rien qui vaille. Pour l'heure, toute la famille s'active à mettre ses affaires dans de grandes valises. J'adore les valises, c'est encore plus amusant que les sacs à main. J'adore vider frénétiquement leur contenu et m'installer confortablement dans ces cabanes de cuir. J'espère qu'ils ne vont pas oublier d'emporter :

- mon lit ;
- ma litière ;
- mes jouets ;
- de la nourriture, comestible ;
- beaucoup de nourriture, comestible ;
- la télévision écran plat ;
- et le canapé du salon.

Ai-je noté la nourriture ?

14 JUILLET

42e jour de captivité

Qu'est-ce que c'est que ce bordel ?!? Excusez ma grossièreté, mais si vous étiez enfermé depuis cinq heures dans une cage en plastique sur la banquette arrière d'une voiture, entouré d'une ado et d'un gamin aussi excité qu'un chien devant sa laisse, vous auriez, vous aussi, les nerfs en pelote. Mon Dieu que ce voyage est long et ennuyeux ! Une vraie torture. La prochaine fois qu'ils diffusent le CD de Jean-Jacques Goldman, j'urine dans la voiture. Les voilà prévenus !

15 JUILLET

43e jour de captivité

Qu'est-ce que c'est que ce bordel de M☠⚡💣☹. Excusez, à nouveau, ma grossièreté, mais nous venons d'arriver, après

huit heures de route, dans une ruine appelée « maison de campagne ».
Pour ce qui est de la campagne, je la vois bien et la civilisation est loin. Mais peut-on décemment appeler cela une maison ? Ce taudis en pierre, sans confort, sans meubles (si ce n'est un vieux canapé élimé devant faire partie de la famille depuis la Révolution française) sent aussi mauvais que ma litière au bout de trois jours. Ce n'est pas un voyage de 500 kilomètres que je viens de parcourir mais un voyage de 500 ans dans le passé. J'ai l'impression de vivre dans un remake des *Visiteurs*.
Pourtant Marc et Séverine ont l'air heureux. Ils vantent le grand air et la nature. J'ai l'impression que Léa, comme moi, ne partage pas leur enthousiasme, surtout depuis qu'elle a découvert que son téléphone portable captait mal ici.

20 JUILLET

48e jour de captivité

Et vous appelez ça des vacances ? Moi, j'appelle ça l'enfer ! Cela fait maintenant cinq jours que je travaille à mettre mon odeur aux quatre coins de cette ruine familiale. Et dire que je pourrais, à l'instant même, être confortablement installé sur le rebord de ma fenêtre préférée, en pleine sieste, le soleil caressant tendrement mon pelage. Si ça continue comme ça, je me verrai dans l'obligation de me plaindre auprès de mon Syndichat.

25 JUILLET

53e jour de captivité

C'est dans des moments comme ceux-là que je regrette de ne pas avoir mon permis de conduire ou une carabine chargée. Cela fait maintenant une semaine que je grelotte de froid au milieu des vieilles pierres. Nous sommes en plein été et je meurs de froid. Je reste dans la ruine à ruminer mon ennui en compagnie de Léa, elle aussi de plus en plus dépressive, et ce, pendant que le reste de la famille est parti se promener dans les bois avec Patapouf qui, lui, bien sûr, s'amuse beaucoup.

26 JUILLET
54e jour de captivité

Quel est l'intérêt de la campagne ? Sincèrement, je ne vois pas ! Je suis un chat urbain, un *citizen cat*, et je m'ennuie énormément en pleine nature. En plus, les animaux me font un peu peur ici. En ville, j'aime chasser les oiseaux, mais les oiseaux de la campagne sont plus gros que moi, pondent des œufs et ne me craignent pas, ce qui est assez vexant, je dois bien l'avouer.
Sans parler des vaches, qui sont énormes et n'ont aucune conversation. Avez-vous déjà essayé de parler à une vache ? Je ne vous le conseille pas. Elles sont bêtes à manger du foin ! Comparé à elle, Patapouf est un véritable génie. Et dire qu'elles sont sacrées en Inde !

27 JUILLET
55e jour de captivité

Un univers, 8 planètes, 192 pays, 18 047 îles, 85 mers... pourquoi dois-je passer mes vacances dans ce trou à rats ?

31 JUILLET
59e jour de captivité

Je n'ai jamais été si heureux de reprendre la voiture ! Je peux vous assurer qu'ils n'ont pas eu besoin de courir après moi pour me mettre dans la cage. J'y dormais, prêt à repartir, depuis déjà trois jours.
Ah ! Le bonheur de la voiture, huit heures, au chaud, écoutant un excellent album de Jean-Jacques Goldman et roulant à faible allure, direction la maison...

3 AOÛT
62e jour de captivité

Je viens de lire, en cachette, le journal intime de Patapouf. Je sais que c'est mal mais je ne résiste pas à l'envie de vous en faire lire un court passage. Vous allez voir que Marc Levy a du souci à se faire :

Lundi : On a joué à la baballe. J'aime mes maîtres.

Mardi : On a fait une jolie promenade au parc. J'aime mes maîtres.

Mercredi : J'ai mangé un os. J'aime mes maîtres.

Jeudi : Quand ils ne sont pas là, ils me manquent. J'aime mes maîtres.

Vendredi : ils m'ont acheté un nouveau jouet. J'aime mes maîtres.

Je vous épargne le passionnant récit de son week-end, mais vous ne serez pas surpris d'apprendre que, là encore, il aime ses maîtres. C'est consternant, à vomir de servilité, totalement inintéressant et, pire que tout, il ne parle pas de moi dans son journal !

Imaginez le journal intime de Watson ne mentionnant jamais Sherlock Holmes, Mme Pasteur ne parlant pas de son mari ! Cet imbécile de chien a la chance de partager son quotidien avec un chat exceptionnel et il ne s'en rend même pas compte !

14 AOÛT
73e jour de captivité

Dimanche, 11 heures du matin, température intérieure : 19 degrés, je suis prêt à me lancer dans une des opérations les plus périlleuses de ma jeune carrière. Je m'approche, à pas de loup vers la cuisine, la terrifiante Séverine y prépare le repas avec sa chère belle-mère. Je dois absolument les faire quitter la zone.
Sun Tzu, dans *L'Art de la guerre*, livre que j'ai lu une dizaine de fois, préconise de jouer sur les faiblesses de ses ennemis. Je dois donc créer, de toutes pièces, une diversion.

Direction le salon pour y faire tomber le vase hideux de la table basse.
3-2-1-0, le vase tombe. Elles débarquent toutes deux dans le salon. J'ai dix secondes pour rejoindre la cuisine, monter sur le plan de travail, voler la cuisse du poulet et aller la déguster tranquillement sous le lit. Mission réussie ! Je suis définitivement un stratège hors pair. Seul petit hic… j'aurais dû attendre que le poulet soit cuit !

23 AOÛT
82e jour de captivité

Cher journal, aujourd'hui j'ai un an. Je vous laisse un peu de temps pour me chanter « Joyeux anniversaire » et pour me poster des cadeaux. L'éditeur fera suivre.
C'est bon ? Vous avez eu le temps ? Alors, continuons. Un an déjà que je suis né en compagnie de mes trois frères et deux sœurs.

Comme le temps passe vite. Je me demande ce qu'ils sont devenus. Je ne suis pas très famille. Nous ne nous sommes pas connus assez longtemps pour avoir créé de vrais liens. Si ça se trouve, ils sont tombés dans une meilleure famille que la mienne. Ils vivent peut-être dans des châteaux, sont nourris avec les meilleures viandes (et pas avec des croquettes light). Les veinards !
Toujours est-il que je suis sûr qu'à eux, on leur a souhaité un bon anniversaire, car ce n'est pas mon cas. Toute la famille est partie se promener, comme si de rien n'était, me laissant seul avec mon corps vieillissant et ma tristesse insondable.

« Famille, je vous hais. »
André Gide, extrait des
Nourritures terrestres.

« Famille, je vous hais encore plus. »
Edgar le chat, extrait du best-seller
Journal d'un petit chat acariâtre.

24 AOÛT

83e jour de captivité

Famille, je vous aime ! Cher journal, il faut absolument que je te raconte. Hier soir, en traînant mollement mon mal-être dans le salon, quelle ne fut pas ma surprise de voir la lumière s'allumer sur ma famille chantant à tue-tête (et fort mal, d'ailleurs) « Joyeux anniversaire, Edgar ! », tenant dans leurs mains une bougie sur une bonne boîte, non light, et des cadeaux à ouvrir.

Je ne vous fais pas la liste de mes cadeaux. Ils n'ont, dans l'ensemble, aucun intérêt. Moi, ce que je préfère dans les cadeaux, ce sont les emballages, les papiers et les cartons. Je me suis amusé avec toute une partie de la nuit. Merci, la famille !

P.-S. : Amis lecteurs, je n'ai toujours pas reçu vos cadeaux. Soit l'éditeur les a gardés pour lui (ce qui ne m'étonnerait qu'à moitié), soit le facteur a peur de Patapouf et n'ose pas me les livrer. À moins que, mais j'en serais très surpris, vous ne m'ayiez rien envoyé !

1ER SEPTEMBRE

91e jour de captivité

Derrière le magnifique félin, dont vous lisez avec délectation la prose, se cache un vrai scientifique. Pour preuve, je me suis donné comme mission, aujourd'hui, de vérifier la théorie universelle de la gravitation d'Isaac Newton. Comme chacun sait :

$$\Delta U_{\text{potentielle}} = \int_{\infty}^{R} \vec{F} \cdot \vec{dl} = \int_{\infty}^{R} \frac{-GMm}{r^2} dr \cdot \vec{u_r} \cdot \vec{u_r} = GMm \int_{\infty}^{R} \frac{-dr}{r^2} = GMm \left[\frac{1}{r}\right]_{\infty}^{R}$$

Je ne vous ferai pas l'injure de vous expliquer cette équation bête comme chou, que même Patapouf arriverait à résoudre en moins de temps qu'il ne lui en faut pour aller chercher la baballe.

Non, ce que j'ai voulu mettre en pratique ce matin, c'est la gravité en espace domestique. J'ai fait tomber les lunettes de Marc, le téléphone de Séverine, l'iPad de Léa et la console de jeux de Rodolphe.

J'en viens à cette constatation scientifique : les corps de masse s'attirent vers le sol, cassent et font hurler les humains. CQFD.

5 SEPTEMBRE

95e jour de captivité

Dites, ne vous gênez surtout pas ! Vous voyez bien que je suis dans ma litière ! Je vous demanderais de lire ce chapitre les yeux fermés afin que je puisse préserver un minimum mon intimité. C'est bon, ils sont fermés ? Continuons, alors.

Que vous dire de ma journée ? Si ce n'est que j'y ai passé une grande partie dans ma litière. C'est le seul endroit où je suis réellement tranquille le week-end.

Inutile de vous boucher le nez et de faire les dégoûtés. Elle vient d'être changée et le sable y est bien plus propre qu'à *Paris Plage*. Je peux vous l'assurer. Il est d'ailleurs temps pour moi d'y faire une petite sieste et de m'imaginer sur la plage de Copacabana.

8 SEPTEMBRE

98e jour de captivité

Les poissons-chats ! Existe-t-il une espèce plus bizarre et plus moche que les poissons-chats ? Je considère comme une injure de nous apparenter à ces nuisances d'eaux salées ! Tout ça parce qu'ils portent une espèce de moustache sur leur gueule de mérou.

J'ai bien l'intention de porter plainte, avec mes congénères chats, contre ces poissons plagiaires. Qu'ils se trouvent un autre nom ! Je ne sais pas, moi : les poissons *Village People*, les poissons portugais... enfin, toute espèce portant la moustache. Mais qu'ils arrêtent de se faire passer pour des félins !

En attendant le début de cette longue procédure judiciaire, je vais aller vérifier si, dans ma gamelle, il ne se trouve pas un peu de poisson-chat.

9 SEPTEMBRE

99e jour de captivité

Parfois, je m'ennuie tellement que je me crée des amis imaginaires pour me tenir compagnie. Le problème, c'est que je me fâche très vite avec eux. Suis-je associable pour autant ?

J'attends votre réponse... En fait, inutile de me répondre. C'est un livre que vous avez entre les mains, pas un iPhone. J'ai une ouïe particulièrement développée, mais de là à vous entendre depuis votre pavillon de banlieue, il ne faut pas exagérer.

Quoi ? Que me dis-tu, ami imaginaire ? Oh, tu m'agaces ! Retourne dans ton monde imaginaire, de toute façon, il est grand temps pour moi de faire la sieste.

15 SEPTEMBRE

105e jour de captivité

C'est décidé, je ne serai plus un chat assisté. Je vais me bouger les fesses et trouver un travail pour être indépendant.
Première étape, rédiger mon CV :
Edgar (dit « minou »)
Adresse : à la maison, à côté du radiateur
Âge : 6 mois
E-mail : Edgar.Minou@J'ai-pas-de-mail.com
Études : autodidacte
Expériences professionnelles : en devenir
Qualités : beau, intelligent, même très intelligent, en tout cas, bien plus que vous. Et modeste.
Loisirs : chasser, manger et dormir.
Voilà qui est fait, il ne me reste plus qu'à postuler à un travail de goûteur chez Fauchon ou Lenôtre.

17 SEPTEMBRE
107e jour de captivité

Interromps mon sommeil, j'interromprai ta respiration.
Voilà une mise en garde que j'aimerais faire graver au-dessus de mon coussin. Que se passe-t-il dans vos têtes d'humains chaque fois que vous voyez un chat paisiblement endormi ? Comment pouvez-vous penser, ne serait-ce qu'une seconde, que c'est une bonne idée de venir nous embêter en plein sommeil ? Vous croyez réellement que vos caresses ne peuvent pas attendre une heure ou deux ?
Comme je suis un adepte de la loi du talion, je m'évertue depuis une semaine à réveiller Marc et Séverine toutes les nuits. Dès qu'ils tombent dans les bras de Morphée, je saute sur le lit, leur mordille l'oreille, et ce, toutes les heures environ. Le résultat ne s'est pas fait attendre. Ils sont maintenant tellement épuisés qu'ils me laissent dormir paisiblement.

18 SEPTEMBRE

108e jour de captivité

Cher journal, avec la pluie tombant sans cesse, j'ai l'impression que la porte de la cuisine a gonflé. J'arrive à peine à passer par ma chatière alors qu'il y a encore quelques semaines, je m'y faufilais aisément. Ce même phénomène, des plus étranges, se produit avec mon lit. Mes fesses débordent désormais de mon coussin. Aurait-il rétréci au lavage ? Ceci est fort possible... Je ne vois d'ailleurs aucune autre explication.

19 SEPTEMBRE

109e jour de captivité

Parfois, j'aimerais me réincarner en pieuvre pour pouvoir baffer tous les membres de la famille Crétin en même temps. Trouvant, injustement, bêtement, grossièrement, sadiquement, arbitrairement, que j'avais pris trop de poids depuis mon arrivée chez eux, cette bande de sadiques a décidé, unanimement, de me mettre au régime. Sachez, famille indigne, tortionnaires domestiques, que je n'ai pas pris de poids, juste un peu d'ampleur.

Je me retrouve donc, ce soir, devant une désespérante gamelle de croquettes light, aussi insipides qu'une conversation entre deux candidats de télé-réalité. Je me sens faible, je défaillis, je me meurs sur le carrelage glacial de la cuisine. Adieuuuuuu !

Bon, puisqu'il n'y a personne pour assister à cette merveilleuse scène d'agonie shakespearienne, je mange mes croquettes et retourne me coucher.

20 SEPTEMBRE

110e jour de captivité

Deuxième jour de régime, deuxième jour de déprime. Cher journal, on ne va pas se mentir, j'aime manger. Manger le matin, le midi, le soir et même la nuit. Étant un chat des plus raffinés, j'aime particulièrement les viandes en sauce, sans trop de légumes mais avec beaucoup de gras. Alors, autant vous dire que je supporte très mal ce régime à base de croquettes light.

21 SEPTEMBRE

111e jour de captivité

La jeune Léa est en pleine révision de son cours d'anglais. Je n'ai jamais compris pourquoi une espèce comme la vôtre, prétendument évoluée (mais à force de vous côtoyer, j'en doute !) ne parle pas la même langue partout.

Si je le désirais, ce qui n'est absolument pas le cas, je pourrais discuter des heures avec un chat birman, norvégien et même chinois. Comment en êtes-vous arrivés à parler différentes langues ? Est-ce pour vous compliquer la vie ? Pour éviter de communiquer entre vous ? Imaginez que le chat du voisin (cet horrible chat de gouttière rouquin) ne parle pas la même langue que moi. Comment ferais-je pour l'insulter, le traiter de tous les noms, l'invectiver chaque fois qu'une de ses sales pattes touche mon territoire ? C'est important de communiquer. Si on ne se comprend pas, comment voulez-vous que les gens s'aiment et arrêtent de se faire la guerre ?

22 SEPTEMBRE

112e jour de captivité

Aujourd'hui, c'est le premier jour de l'automne. L'automne est la saison que je déteste le plus.

En été, je suis comme un tournesol, je me déplace de pièce en pièce en suivant les rayons de soleil. L'hiver, j'aime dormir sur les radiateurs bien chauds ou à côté de la cheminée. Mais l'automne est une saison bâtarde, froide et humide. Nous devrions sérieusement réfléchir à l'enlever du calendrier. Nous sommes au XXIe siècle, il serait grand temps de faire évoluer les saisons. Nous devrions envoyer, par exemple, une fusée pour rapprocher de quelques kilomètres le Soleil de la Terre.

29 SEPTEMBRE

119e jour de captivité

Chers lecteurs, j'ai décidé de vous avouer un de mes plaisirs coupables. J'aime surveiller les voisins à travers les fenêtres.
Je pourrais passer des heures à espionner leurs faits et gestes. D'ailleurs, je ne peux pas m'empêcher de te révéler les derniers ragots du quartier, mais tout cela doit rester entre nous...
La mamie du numéro 23 ne trie jamais ses déchets, la voisine d'à côté reçoit chaque matin la visite d'un homme en voiture jaune, portant une casquette qui lui remet des lettres (probablement des lettres d'amour), le jeune couple du bout de la rue se dispute souvent à propos des enfants. Quant au chat des voisins, il est définitivement débile, et s'il remet ses sales pattes sur mon territoire, ça va chauffer pour lui.
Voilà, vous savez tout. Je vous laisse surveiller la rue à ma place, le temps pour moi de faire une petite sieste bien méritée.

5 OCTOBRE

125e jour de captivité

Le gros avantage d'être aussi intelligent et curieux que moi, c'est de trouver chaque jour une nouvelle activité ludique dans ce triste pavillon.

Après avoir découvert les joies de se cacher dans le panier à linge sale et d'effrayer toute personne essayant de l'ouvrir, j'ai trouvé, ce matin, un jeu fascinant : le robinet. Il y en a de toutes sortes à la maison, des mitigeurs, des robinets à papillon, à poussoir... j'aime les ouvrir et regarder l'eau couler, c'est à la fois drôle, relaxant et dépaysant.

Lorsque je vois l'eau couler en cascade, je me sens comme un explorateur découvrant pour la première fois les chutes du lac Victoria.

11 OCTOBRE

131e jour de captivité

Cher journal, c'est d'une patte humide, réfugié sur la table de la cuisine que je t'écris. C'est une catastrophe ! J'ai l'impression d'être à bord du *Titanic*, les musiciens en moins. Il y a 20 centimètres d'eau dans toute la maison. Pas une pièce qui ne soit noyée sous des torrents d'eau ! J'ai peur, je déteste l'eau. Cet imbécile de Patapouf, lui, s'amuse beaucoup et l'odeur de chien mouillé rend la situation encore plus pénible. Si Noé m'entend, qu'il rapplique vite avec son arche car, ici, c'est le déluge.

Comment cette catastrophe a-t-elle pu se produire ? C'est une bonne question. J'espère, en tout cas, que cela n'a rien à voir avec ma nouvelle passion pour les robinets... j'en ai peut-être ouvert un peu trop ce matin.

15 OCTOBRE

135e jour de captivité

Vous êtes nombreux à m'écrire (je suis un mythomane qui s'assume) et à me demander si les chats rêvent. La réponse est oui.
[...]
Vous vouliez plus de détails ? C'est un peu personnel, mais je vais vous raconter mon dernier rêve. Je courais dans un vaste champ d'herbe à chat où les arbres étaient remplacés par d'énormes cuisses de poulet grillé (à la fois tendres et croustillantes, un vrai régal !), les oiseaux volaient lentement et très bas dans le ciel, j'arrivais pour une fois à les attraper et à les manger. Les champs étaient traversés par une rivière de lait (non écrémé) où nageaient des saumons déjà cuits.
Voilà mon rêve. Je ne sais pas comment Freud l'analyserait, il conclurait sans doute que je suis, peut-être, un tout petit peu gourmand.

20 OCTOBRE

140e jour de captivité

À l'instar de Superman, Batman et des X-men, nous les chats, nous avons des pouvoirs surnaturels Nous entendons dix fois mieux que vous (et même cent fois mieux, si vous êtes vieux), nos moustaches sont des radars extrêmement perfectionnés et, surtout, nous voyons la nuit !

Bon, dans la nature, cela peut éventuellement servir, mais dans mon cas, l'intérêt de voir la nuit est très limité. Pouvoir voir Marc affalé dans son lit en train de ronfler, voir la jeune Léa envoyer en cachette des SMS à son petit ami temporaire et regarder Patapouf, l'œil torve et la bave à la gueule, dans son panier, vraiment, quel intérêt ? C'est un peu comme si Superman se servait de ses yeux lasers pour se faire des toasts !

31 OCTOBRE

151e jour de captivité

Depuis que je suis arrivé dans cette famille, l'ethnologue que je suis est en mesure d'affirmer que la théorie de l'évolution de Darwin est totalement fausse.

Comment une espèce, supposément évoluée, peut-elle s'amuser à se faire peur ? À quoi rime la fête d'Halloween ? S'il y a deux choses que je déteste par-dessus tout (sans compter les 158 897 475 autres, liste à consulter dans les annexes), ce sont bien les déguisements et le fait d'avoir peur.

Le jeune Rodolphe se souvient encore du jour où il a essayé de me déguiser en Zorro en m'affublant d'une cape noire. Je lui ai dessiné un Z sur son torse avec mes griffes. Mais pour ce qui est de la peur, ma plus grosse terreur, celle qui me fait faire des cauchemars, c'est l'idée de manquer de nourriture. Les chats sont comme les femmes, ils n'oublient jamais. Chers lecteurs, je vous laisse méditer là-dessus.

2 NOVEMBRE

153e jour de captivité

Note pour plus tard : Ne plus confondre l'herbe à chat et le yuka. J'aurais pourtant dû me méfier. L'odeur n'était pas du tout la même, la forme n'avait rien à voir, alors pourquoi avoir mangé les feuilles du yuka ? Suis-je en manque d'herbe à chat à ce point ? Je crois que oui.

5 NOVEMBRE

156e jour de captivité

Une laisse pour me promener dans le parc ? Quelle humiliation !

J'en appelle à Victor Schœlcher et à Aimé Césaire pour arrêter d'enchaîner de pauvres petits chats comme moi. Devoir porter une laisse autour du cou, comme un vulgaire canidé, et affronter les regards moqueurs des chats sauvages, se faire traiter de caniche à sa mémère par un chat de gouttière hilare... la honte !

Tu parles d'un plaisir ! Je déteste les parcs ! Celui à côté de la maison me fait penser à *Jurassic Park*. Il est peuplé d'animaux étranges et effrayants : de gros oiseaux idiots à bec plat appelés canards, des cygnes aussi prétentieux (et aimables) que des serveurs parisiens, de gros chiens antipathiques et une autre espèce à la démarche ridicule, portant des tenues en Lycra flashy : les joggeurs.

10 NOVEMBRE

161e jour de captivité

Alors là, on vient encore de monter d'un cran dans le domaine de la bêtise. Ma famille n'a rien trouvé de mieux que d'acheter un canari. Un oiseau dans ma maison ! Et, comme de bien entendu, j'ai eu droit à dix minutes de recommandations :

- Interdiction de faire peur à Jojo.
- Interdiction de sauter sur la cage de Jojo.
- Interdiction de regarder Jojo.
- Et surtout, interdiction de manger Jojo.

C'est comme si on demandait à un homme affamé de ne pas se ruer sur un steak-frites bien gras, ou à un homme sortant de dix ans de prison de ne pas draguer une jolie blonde aguicheuse, ou bien encore à un homme politique de ne pas mentir !

Et lui, cet oiseau aussi jaune que provocant, me regarde, me nargue du haut de son perchoir. Je l'entends chantonner « tu ne m'auras pas, tu n'es pas un vrai chasseur ».

Je bouillonne de l'intérieur.

11 NOVEMBRE
162e jour de captivité

Impossible de dormir, la présence de ce volatile de malheur me rend dingue ! Je l'entends piailler bêtement. Et je n'ai même pas le droit de le toucher. En même temps, on ne m'a jamais formellement interdit de lui jeter ma gamelle sur la cage « par accident ».

Boom, ah mince, la cage qui tombe ! Vous allez voir que ça va être de ma faute !

Aïe, le canari s'échappe par la fenêtre. Bon débarras !

Quant à moi, je ferais mieux de me trouver une planque dans le dressing et de m'y faire oublier quelques heures.

12 NOVEMBRE

163e jour de captivité

Monsieur le juge, je suis innocent ! Cette Cour va condamner injustement un pauvre chat sans défense, c'est une erreur judiciaire.

Vous m'accusez d'avoir mangé l'oiseau familial ?!? Déjà, j'aimerais faire remarquer à l'assemblée qu'un oiseau n'est pas un animal domestique, tout au plus un amuse-gueule. Et un amuse-gueule peut-il être sérieusement considéré comme un membre de la famille ? Et pourquoi pas du saucisson ou des cacahuètes ?

Ce procès est inique, c'est un procès stalinien. Je ne suis même pas représenté par un avochat ! Vous allez condamner un innocent. Que la honte pèse sur vous.

De plus, je ferais remarquer à votre honneur que j'ai un alibi en béton. Au moment de la disparition de Jojo le canari, j'étais tranquillement en train de faire la sieste à l'autre bout de la maison. Vous pourriez le

vérifier sur les caméras de surveillance si vous aviez eu l'intelligence d'en faire installer auparavant !
Je suis persuadé, pour ma part, que Jojo le canari s'est fait enlever par une cellule d'Al-Qaïda et que nous recevrons, sous peu, un message des ravisseurs.
Faites entrer mon témoin, le fidèle Patapouf. Lève la papatte et dis « Je le jure ». Non, je ne veux pas jouer. Arrête de me lécher ! Mais quel idiot, ce chien !
Comment ça, coupable de meurtre ? Privé d'herbe à chat pendant six mois ! Je ne reconnais pas ce tribunal et je vais faire appel à la Cour pénale internationale.
Dites-moi, votre honneur... Soit c'est le fantôme de Jojo qui est sur le rebord de la fenêtre de la cuisine, soit vous allez devoir me présenter vos plus plates excuses.

25 NOVEMBRE

176e jour de captivité

Le matin je ne dis jamais bonjour parce que je sais que vous n'êtes pas si crédules. Je hais le matin. J'exècre le matin.

Pourquoi ? me demanderez-vous, avec des sous-entendus teintés de reproches : tu es un petit chat qui n'a pas de travail, de contraintes horaires, de responsabilités, de famille à élever...

Tout d'abord, merci d'avoir ruiné mon moral en me jetant à la gueule mon inutilité sociale ! Je n'aime pas le matin à cause de l'agitation qui règne dans la maison.

Les cris de Séverine après Rodolphe qui n'est toujours pas levé à dix minutes du passage du bus scolaire, les disputes parce que Léa passe trop de temps dans la salle de bains, les aboiements de cet imbécile de chien réclamant sa promenade matinale.

Je n'ai qu'une envie, mettre des boules Quiès et me rendormir sur-le-champ. Mais

il n'y a malheureusement pas de boules assez efficaces pour mes majestueuses oreilles de chat, véritables paraboles que m'envie la CIA.
Sur ce, maintenant que la tornade matinale est passée, je retourne me coucher en ne vous souhaitant toujours pas une bonne journée.

27 NOVEMBRE
178e jour de captivité

Quand je m'ennuie, je mange.
Quand je suis heureux, je mange.
Quand je suis triste, je mange.
Mais qu'on ne vienne pas me dire que je suis gourmand, ça va m'énerver, et quand je suis énervé, je mange.

2 DÉCEMBRE

183e jour de captivité

Connaissez-vous la « ronron thérapie » ? C'est une théorie fumeuse selon laquelle le ronronnement des chats calmerait les angoisses et le stress des humains. Écouter ce doux bruit entraînerait une production de sérotonine, l'hormone du bonheur, impliquée dans la qualité de leur sommeil et de leur humeur.

Depuis que Séverine a lu un article sur ce sujet, elle exige de moi des séances quotidiennes de ronrons. Autant vous dire que je refuse catégoriquement de lui faire ce plaisir, tout du moins gratuitement. Nous, les chats, tout comme les psy, avons une éthique. Nous ne faisons rien gracieusement. Chaque séance de dix minutes de ronron thérapie lui est donc facturée une boîte supplémentaire. Et encore, je lui fais un prix d'ami. Pour vous, il vous en coûterait 50 euros.

10 DÉCEMBRE

191e jour de captivité

Qu'ont en commun Jules César, Henri II, Charles XI et Napoléon ?
Vous donnez votre langue au chat ? C'est inutile, je ne vois pas bien ce que j'en ferais. Eh bien, figurez-vous qu'ils avaient peur des chats. Ces grands hommes avaient bien raison, car, derrière nos airs de peluches, se cachent de redoutables félins, de dangereux carnivores.
Moi, par exemple, je suis un véritable lion. Tout comme le roi des animaux, j'aime dormir au soleil pendant que la femelle va chasser pour moi. À la différence près que je n'ai pas de femelle et que je n'ai aucune envie d'en avoir une.

15 DÉCEMBRE

196e jour de captivité

J'ai honte ! Je suis une vraie caricature. Si quelqu'un m'avait filmé il y a cinq minutes, la vidéo aurait déjà été visionnée 500 000 fois sur *YouTube*. J'ose à peine vous narrer la scène. Tout à l'heure, j'ai aperçu une mouche sur la vitre du salon. N'écoutant que mon instinct de chasseur, j'ai sauté vers la fenêtre pour essayer de l'attraper et... me suis mangé le museau sur la vitre. La mouche était de l'autre côté de la fenêtre. Je vous interdis d'en rire et de raconter cette anecdote à quiconque !

20 DÉCEMBRE
201e jour de captivité

Mais qu'est-ce qu'ils font, ces cinglés ? Je n'y crois pas ! Pourquoi est-ce qu'ils rapportent un arbre dans la maison ? Et pourquoi le déguisent-ils comme un travesti de *Chez Michou* ?

Ça signifie quoi, ces boules de toutes les couleurs et ces guirlandes ?

C'est marrant, en fait, ça doit être un nouveau jeu pour moi. Sympa, la famille.

J'adore ! Je vais l'escalader de ce pas. C'est parti pour l'ascension du mont Sapin.

Et hop, attention en dessous !

C'est malin, le sapin est tombé et toutes les boules sont cassées.

Pourquoi me crient-ils tous dessus maintenant ? Ils abusent ! Ils m'offrent un jouet et je ne peux pas m'amuser avec.

25 DÉCEMBRE

206e jour de captivité

C'est terrible l'insomnie, je me suis réveillé en pleine nuit sans réussir à me rendormir. Je n'aurais peut-être pas dû dormir toute la journée.

Quelle ne fut pas ma surprise de découvrir, sous le sapin travesti, une multitude de paquets, entourés de ficelles de toutes les couleurs. J'ai beau les critiquer de temps à autre, ma famille me gâte beaucoup ces derniers temps.

Quelle joie de jouer avec les paquets, de déchirer les cartons, de les vider, d'en faire des cabanes, puis de la charpie !

Ah, vous êtes réveillés ? Merci pour les cadeaux.

Pourquoi me crient-ils tous dessus ? Ils abusent vraiment. Ils m'offrent des cartons et je ne peux pas en faire ce que j'en veux. Je me demande s'ils ne sont pas un peu bipolaires.

31 DÉCEMBRE

292e jour de captivité

Ce soir, à la maison, c'est repas de famille. Tout le monde est sur son trente et un. Je déteste lorsqu'il y a plus de cinq personnes dans ma maison. Et que des inconnus aient l'audace de s'installer sur mon canapé préféré, sur mon fauteuil fétiche et sur MES chaises. Cela m'exaspère au plus haut point. Après avoir boudé sous le lit une partie de la soirée, quelle ne fut pas ma surprise en découvrant, dans le salon, une dizaine d'humains passablement ivres dansant la chenille en se lançant des cotillons.

Les humains sont parfois puérils. Quand je pense que je me fais disputer lorsque je m'amuse à faire tomber la boîte de céréales dans la cuisine... vous n'imaginez pas l'état du salon. Impossible de poser une patte sans marcher sur un déchet.

5-4-3-2-1 : Bonne année ! C'est la guerre, ça explose de partout. Vite, il faut se mettre à l'abri. Je hais les feux d'artifice !

5 JANVIER

217e jour de captivité

Liste de mes chanteurs préférés :

- Cat Steven.
- Sachat Distel
- Chat l'Aznavour.

Oui, je sais ce que vous vous dites, que je suis un peu ethnocentré, mais c'est faux. J'aime aussi beaucoup danser le chat-chat-chat.

7 JANVIER

219e jour de captivité

Ma bonne résolution pour cette nouvelle année : me mettre au sport. Je viens à l'instant de battre le record du 100 mètres en parcourant 105 mètres dans la maison sans m'arrêter à ma gamelle. Je suis le nouveau champion olympique du triple saut en bondissant, toutes griffes dehors, sur le dos de Marc, sur les jambes de Séverine et sur ce pauvre Patapouf. Et également le nouveau recordman de l'épreuve reine du lancer de disque, épreuve qui consiste à sauter sur la collection de CD de la famille et à les éparpiller le plus loin possible.

Bizarrement, vu leurs regards courroucés, la famille Crétin ne semble pas me soutenir pleinement dans mes nouvelles résolutions sportives. Je vais donc me retirer, en toute humilité, du monde sportif et aller faire une sieste bien méritée.

12 JANVIER

224e jour de captivité

Je suis Luke Skywalker, un vrai Jedi ! Je me bats contre le rayon laser du vilain Marc. J'adore lorsque l'on joue avec le laser, ça me rend dingue.

Bats-toi, je vais t'attraper, je suis plus fort que toi, Dark Marc Vador. Tu ne peux pas me vaincre avec ton laser. Regarde, je l'attrape dans le couloir. Ah, il m'échappe, le voilà dans la salle de bains, dans la baignoire, tu ne vas pas m'échapper, rayon laser...

(*Plouf.*)

Les fourbes, les traîtres, les scélérats, tout ceci n'était qu'un piège pour me faire prendre un bain. Ce n'est pas une méthode digne d'un Jedi ! Je déteste les bains !

13 JANVIER

225e jour de captivité

Cher journal, je suis, ce matin, des plus circonspects. Mais qu'est-ce que c'est que ce truc blanc ? Vous ne me croirez jamais, mais mon jardin est entièrement blanc. Mon arbre est complètement recouvert de poudre et il pleut du coton.
Est-ce le premier signe de la fin du monde ?
Et si les Mayas avaient raison ?
Je préfère me cacher en attendant que les quatre chevaux de l'Apocalypse débarquent dans le salon. Je vais me faufiler dans le placard, ils ne m'y trouveront jamais. Prenez ma famille, prenez Patatouf, mais laissez-moi mes boîtes et mes croquettes (sauf les light). Je vous dis adieu, je ne pense pas que vous surviviez non plus. C'est dommage, je comptais sortir un second tome de ce journal.

14 JANVIER
226e jour de captivité

Bon, *a priori*, je me suis inquiété pour rien. La pellicule de 10 centimètres de poudre blanche dans le jardin s'appellerait de la neige et serait tout à fait normale pour la saison... j'en doute.

En tout cas, les Crétin ont l'air de bien s'amuser. Ils se lancent des boules de « neige », construisent des monstres blancs et m'invitent à les rejoindre. Non merci, je vous observe de loin, au cas où il faudrait prévenir les secours.

15 JANVIER
227e jour de captivité

C'est officiel, je rajoute à ma longue liste, non exhaustive, de choses que je n'aime pas : la neige.
C'est froid, déplaisant et inhospitalier. Mes pattes s'enfoncent dans la poudre glacée. Je déteste cette sensation de froid humide sur mes coussinets. J'y suis resté, en tout et pour tout, deux minutes avant de retourner près de mon radiateur préféré.
Je laisse la neige aux enfants et aux pingouins.

16 JANVIER
228e jour de captivité

C'est malin ! *Atchoum !* J'ai attrapé froid, mon nez coule. *Atchoum !* Je tremble. J'ai chaud et froid à la fois. J'ai dû aller, de nouveau... *atchoum !* dans l'antre du monstrueux vétérinaire.

20 JANVIER
232e jour de captivité

Tant à faire et si peu de motivation ! C'est l'histoire de ma vie. Je suis fait pour bâtir des cathédrales, changer la face du monde, révolutionner votre façon de penser, marquer le monde de mon empreinte. Mais voilà, dès que je passe devant mon coussin préféré, je ne peux pas m'empêcher de me dire que le monde peut bien attendre, le temps que je fasse une petite sieste.

25 JANVIER

237e jour de captivité

Il paraît que la jeune Léa est en pleine crise d'adolescence. C'est vrai que je l'ai toujours trouvée étrange. Elle s'énerve pour un rien, claque les portes, hurle sur ses parents. Ce n'est plus une enfant et pas encore une femme. Bref, c'est un humain pas fini. J'ai très peur, moi aussi, de faire une crise de ce genre.

En années de chat, j'aurais approximativement quatorze ans à l'âge de deux ans. Il ne me reste donc que quelques mois avant d'avoir une crise d'acné et un comportement bizarre. Ça ne me donne pas du tout envie…

27 JANVIER

239e jour de captivité

Cher journal, ce n'est pas pour me vanter, mais j'ai un très bon goût. C'est inné chez moi. C'est pourquoi j'ai décidé de me lancer dans la mode et de devenir le nouveau Lagerfeld, le Tom Ford 2.0.

Si je devais décrire mon style, je dirais que j'aime le déstructuré, les franges, le punk. Pour préparer ma collection automne-hiver, j'ai refait, en un après-midi, toute la garde-robe de Séverine.

Bon, je vous l'accorde, mon coup de griffe n'est pas encore tout à fait au point. Mais de là à me faire crier dessus et à être privé de sortie ! C'est le problème avec les gens qui ne savent pas reconnaître la griffe d'un créateur en avance sur son époque.

1er FÉVRIER

244e jour de captivité

Les chiens ont un propriétaire, les chats ont un staff. Je ne suis pas du genre à me plaindre, mais mon staff n'est pas d'une très grande efficacité. Vous n'imaginez pas le nombre de fois où je dois quémander avant d'être enfin servi !

La maison n'est pas prête d'obtenir une étoile au guide Michelin. Le room service est inexistant, je dois me déplacer jusqu'à ma gamelle pour manger des boîtes de conserve sans goût. Le personnel n'est pas présent en journée pour satisfaire mes moindres désirs et la literie laisse à désirer. Il n'y a que l'absence de piscine qui ne me pose pas de problème.

3 FÉVRIER

246e jour de captivité

Je me demande si je ne devrais pas faire un petit régime. Je suis tellement gros que j'ai l'impression d'être comme une tortue. Je me déplace lentement et j'ai du mal à me retourner lorsque je suis sur le dos.
C'est décidé, il faut que je réfléchisse éventuellement à l'idée de, peut-être, faire un régime sous peu. Mais comme je n'arrive pas à réfléchir le ventre vide, je vais d'abord aller grignoter un petit quelque chose.

10 FÉVRIER

253e jour de captivité

Je suis persuadé que, dans un monde parallèle, ce sont les hommes qui sont les animaux domestiques des chats. Que les chats les nourrissent de boîtes de conserve, leur aménagent une paillasse afin qu'ils dor-

ment par terre, qu'ils jouent avec eux, les caressent durant leur sommeil et, surtout, qu'ils les emmènent chez le dentiste pour leur faire faire un détartrage.
Si je vivais dans cet univers parallèle, j'emmènerais ma famille chez le dentiste et le médecin toutes les semaines et ça leur ferait bien les pieds !

15 FÉVRIER

258e jour de captivité

Quoi ? Qu'avez-vous à me regarder comme ça ? Oui, j'aime renifler les tennis de Marc lorsqu'il revient d'un footing. Vous n'allez pas me faire croire que vous n'aimez pas l'odeur moite des chaussures ou celle du bac à linge sale ? C'est un de mes plaisirs honteux. Maintenant, si vous pouviez me laisser seul, je suis en plein kif.

20 FÉVRIER

263e jour de captivité

Il est 3 heures du matin, je me réveille. Rassurez-vous, chers lecteurs, je ne suis pas insomniaque, je m'accorde juste un petit plaisir nocturne.

Suivez-moi jusqu'à l'étage, sans faire de bruit. Approchons-nous de la chambre de Marc et Séverine. *Chut !!!* Il ne faut pas les réveiller. Entrons doucement, approchons-nous du lit. Parfait ! Marc a le pied sorti de sous la couette, comme toutes les nuits.

5-4-3-2-1-0, je sors toutes mes griffes et les enfonce dans son pied ! Maintenant, fuyons à toute vitesse ! Dépêchez-vous, chers lecteurs. Allez, plus vite dans les escaliers ! Retournons nous coucher, le cœur léger après cette mission réussie.

3 MARS

274ᵉ jour de captivité

Cher journal, si je ne me suis pas manifesté depuis quelques jours, ce n'est pas par fainéantise (il n'y a pas plus travailleur que moi), mais c'est parce que je me suis blessé à la tête en pleine chasse aux moineaux. Avez-vous déjà tenté d'attraper un oiseau ? L'exercice demande une concentration, une célérité et une force prodigieuse. Au 100 mètres, je suis deux fois plus rapide qu'Usain Bolt. Je saute plus loin que... que... que le champion du monde de saut en longueur (je ne lis pas *L'Équipe* tous les matins). Mais ce fourbe d'oiseau a décollé avant que je ne lui saute dessus. Résultat, j'ai atterri dans les rosiers. Direction le véto pour des petites coupures, sans gravité, je vous rassure. De toute façon, je n'ai reçu aucun SMS inquiet de votre part. Bref, me voilà obligé de porter une ridicule collerette autour du cou pour ne pas me gratter et rouvrir ma plaie.

8 MARS
279e jour de captivité

Je vis caché depuis une semaine. J'ai tellement honte que l'on me voie avec cette ridicule collerette que même Lady Gaga n'oserait pas porter en public... J'imagine les rires moqueurs des chats du quartier s'ils me voyaient avec ce casque à la Daft Punk. Et, en plus d'être inesthétique, c'est également très dangereux. J'ai failli me noyer en allant sous le robinet pour boire un peu d'eau.

10 MARS
281e jour de captivité

C'est bien la première fois de ma vie que je suis heureux de voir un vétérinaire ! Me voilà enfin débarrassé de la vilaine collerette et je viens de passer une heure à me gratter les oreilles. J'en rêvais depuis des jours !

15 MARS

286e jour de captivité

Alerte rouge ! Déclenchons immédiatement le plan Orsec, passons en mode Vigipirate écarlate. C'est une urgence, nous sommes dimanche et la famille a « oublié » de m'acheter de la nourriture !
Je vais mourir, c'est sûr ! Huit heures sans boîtes. Il reste certes des croquettes, mais je n'en suis pas fan. Où en étais-je ? Ah oui, je vais mourir peu à peu de faim. Je sens que mes forces faiblissent, je tremble, la malnutrition me guette, je me meuuuurs. Allô ! La famille, j'ai dit : « Je me meuuuurs !!! »
Eh bien, voilà, ils ont compris. Marc va prendre sa petite voiture et rouler 30 kilomètres pour trouver un supermarché ouvert, et PAS UN HARD DISCOUNT, ok !?!

18 MARS

289e jour de captivité

Je ne crois pas aux relations longues distances. C'est pourquoi, cette nuit, j'ai déplacé mon lit à côté du réfrigérateur. Je me trouve ainsi dans une position stratégique, à 1 mètre du ravitaillement, à 50 centimètres de ma gamelle et à quelques pas de la table de la cuisine. Je peux donc, confortablement allongé, vérifier les allers et venues vers le réfrigérateur, mendier de la nourriture lors des repas et ce, sans le moindre effort. N'allez pas croire que je suis paresseux, j'optimise simplement mes déplacements.

20 MARS

291e jour de captivité

Si le ridicule tuait, je serais mort deux fois aujourd'hui. Je vais vous raconter ma journée, mais à la seule et unique condition que vous ne vous moquiez pas de moi et de mes mésaventures.

Ce matin, en lapant l'eau de la cuvette des WC (comme si vous ne l'aviez jamais fait, bande d'hypocrites !), je suis bêtement tombé dedans et j'ai mis près de dix minutes pour me sortir de ce bourbier.

J'en ai vu sourire. Faites très attention, je suis particulièrement susceptible.

Cet après-midi, voulant aller faire un tour dans le jardin, j'ai pris mon élan et j'ai sauté par la fenêtre... avant de me ratatiner contre la vitre, qui était fermée mais tellement propre qu'elle en était invisible.

Voilà ma journée, cher journal. Je vais maintenant me retirer comme un ermite dans sa grotte et méditer sur ma vie.

22 MARS
293e jour de captivité

Réflexion personnelle :
Pendant ce temps-là, la *mère Michel* n'a toujours pas retrouvé son chat et tout le monde s'en fiche !

25 MARS
296e jour de captivité

Cher journal, tu le sais, je ne suis pas d'un naturel râleur. Mais s'il y a bien une chose que je déteste, c'est de passer une heure à me nettoyer en profondeur, me laver les poils, les pattes, les oreilles et voir un membre de la famille s'approcher sournoisement de moi et me caresser. Et là, je dois recommencer ma toilette à zéro !
La prochaine fois que je les verrai sortir du bain, j'irai uriner dans leur peignoir !

26 MARS

297e jour de captivité

Si je devais résumer ma philosophie de vie en une phrase, ce serait : « Un esprit sain dans un coussin. »

27 MARS

298e jour de captivité

Quelle est cette boisson rouge que Marc aime tant boire au dîner ? Du vin ? Ça ne sent pas très bon, pourtant, il a l'air d'aimer. Je suis un aventurier gastronome, j'aime goûter à tout. C'est en volant une cuisse de poulet grillée que j'ai découvert ma passion pour les volailles (mortes, pas celles de la campagne qui sont effrayantes) et c'est en subtilisant une tranche de jambon que je me suis rendu compte que le *casher* n'était pas fait pour moi.
Goûtons donc ce breuvage rouge.

Beurk ! Mais c'est infect ! Ça pique la langue et la gorge. Il est dingue de boire ça !
Ah, ah, ah ! Pourquoi est-ce que je ris tout seul ?
C'est marrant, une table, quand on y pense. Ah, ah, ah ! Oh là là, pourquoi est-ce que le salon tourne sur lui-même ?
Hé, Patapouf, viens, je voulais te dire que je t'aimmmmaiiiis beauuucoup. *Hic*, ha, ha, ha, je vais te faire un câlin.
Hic, ha, ha, ha. Je me sens tout drôle. Toi aussi, Marc, je t'aime. Tu es mon maître à moiiiiiii ! Oh, la cuisine tourne, elle aussi, c'est une maison manège. *Hic*, ha ha ha.
Oh ! J'ai tellement sommeil. Ha, ha, *hic !*
Zzzzzzzzzzzz.

28 MARS
299e jour de captivité

Oh mon Dieu ! J'ai si mal au crâne que j'ai l'impression qu'une fanfare, accompagnée d'une troupe de majorettes, traverse mon cerveau.
Et tous ces bruits... moins fort ! Pitié !
Et zut ! Je me suis vomi dessus. Je vais devoir passer des heures à me laver. Et puis non, on verra ça plus tard, je me recouche.

29 MARS
300e jour de captivité

Théorie très personnelle :
Je pense que le football a été inventé par un chien. Comment expliquer autrement les règles de ce jeu puéril consistant, pour vingt-deux humains, à courir bêtement après une petite baballe et à se sauter dans les bras après chaque but ?

Si ce sport avait été inventé par un chat, les joueurs ne se feraient aucune passe. Ils garderaient la balle pour eux et une mi-temps serait entrecoupée de plusieurs siestes.

1ER AVRIL
303e jour de captivité

Règlement intérieur :
Zones autorisées pour me caresser et me gratouiller : bas du dos, tête, menton, dos, nez.
Zones tolérées pour me caresser et me gratouiller (selon mon humeur, se renseigner avant) : queue, pattes (avant et arrière).
Zone interdite pour me caresser et me gratouiller, sous peine de voir vos bras transformés en charpie sanglante : ventre.
À bon entendeur, chalut !

3 AVRIL
305e jour de captivité

« Chaque chat est un chef-d'œuvre. »
Léonard de Vinci.
Je vous laisse méditer là-dessus.

5 AVRIL
307e jour de captivité

Je ne suis pas un chat de race. D'ailleurs, je déteste toute forme de racisme. Pour moi, toutes les races se valent !
Certes, les siamois sont extrêmement prétentieux, les persans sont idiots, les chats birmans sont d'un snobisme que ne renierait pas la reine d'Angleterre et les chats du Bengale n'ont pas inventé l'eau tiède.
Mais, pour moi, toutes les races sur Terre se valent… sauf les chiens, les ornithorynques et les humains qui sont, cela va de soi, inférieurs à nous.

7 AVRIL

309e jour de captivité

J'aime manger, c'est la seule et unique raison pour laquelle je ne suis pas devenu mannequin professionnel. Ça et le fait que je déteste voyager. Sinon, je suis persuadé que j'aurais fait une bien belle carrière sur les podiums. N'y voyez pas là de l'immodestie, c'est un fait. « Quel beau petit chat » est la phrase que j'entends le plus dans la journée. Ça et « Non, descends des rideaux, espèce de S☠💣☠ϟ☹ de chat de M💣☠ϟ§◎ »

9 AVRIL

311e jour de captivité

Chers lecteurs cinéphiles, j'ai fait, ce matin, un remake de la scène mythique de *L'Exorciste*, avec moi dans le rôle de la possédée.

Le tout, chez le toiletteur pour chat, mon deuxième pire ennemi après le vétérinaire. J'aime être propre mais je déteste, au plus haut point, que l'on me lave. Je n'aime pas l'eau. Je pense, quand même, y avoir été un peu fort en feulements, en coups de griffes et en injures. La toiletteuse était en larmes, me maudissant et me traitant de chat du diable.

En même temps, si elle avait été un peu meilleure dans ses études, elle aurait pu devenir coiffeuse, non ?

11 AVRIL
313e jour de captivité

Classement des expressions que je déteste le plus :

1. « De la bouillie pour chats. » C'est bien mal connaître les gourmets que nous sommes.
2. « Il n'y a pas de quoi fouetter un chat. » J'espère bien ! Bande de sadiques !
3. « À bon chat, bon rat. » Et à bon humain, bon steak, non ?
4. « Chat échaudé craint l'eau froide. » Vous avez un vrai problème ! Allez voir un psy, bande de malades !
5. « La nuit, tous les chats sont gris. » Et tous les Chinois se ressemblent.
6. « Dès potron-minet. » Moi, j'aime les grasses matinées.
7. « Avoir un chat dans la gorge. » C'est le même sadique qui fouette, ébouillante et mange les chats ?
8. « Passer comme un chat sur la braise. » Je vais finir par appeler la police !

13 AVRIL
315e jour de captivité

Patapouf, il y a une personne de trop dans cette pièce et je pense que c'est toi. Alors, bouge de mon canapé !
Les chiens sont d'un sans-gêne parfois !

15 AVRIL
317e jour de captivité

Chers lecteurs, vous êtes nombreux (mensonge assumé) à m'interroger sur mes opinions politiques et sur celles de mes congénères chats.
Pour moi, il paraît évident que nous, les chats, sommes de droite. Nous détestons tout changement. En cela, il n'y a pas plus conservateurs que nous. Nous refusons de partager notre nourriture, l'idée qu'un chat étranger entre dans notre territoire nous est totalement insupportable et nous

aimons cacher notre butin, certes pas en Suisse, mais dans les cachettes les plus improbables… Bref, nous sommes, nous les chats, des caricatures d'hommes de droite. D'ailleurs, sans vouloir crier au complot, je m'insurge contre le fait que nous, les neuf millions de chats français, nous n'ayons pas encore obtenu le droit de vote ! Est-ce une conspiration des socialistes ?
Sur ce, à défaut de pouvoir voter, je vais faire une petite sieste en attendant que les travailleurs de la maison rentrent pour me nourrir grassement.

16 AVRIL

318e jour de captivité

Un jour sur Mercure dure 1 408 heures, exactement comme un dimanche sur Terre.

Je hais les dimanches ! Le dimanche, la famille fait la grasse matinée. Je suis parfois obligé d'attendre 10 heures du matin pour avoir ma boîte, et j'ai beau tambouriner à la porte de leurs chambres, rien n'y fait.

Le dimanche est également le jour où toute la famille traîne des heures sur MON canapé. C'est le jour où ils sont constamment dans mes pattes, le jour où belle-maman, la vieille sorcière, vient déjeuner et m'oblige à me cacher sous le lit.

Le dimanche est aussi le jour où Marc et ses amis se réunissent pour l'apéro et regardent bêtement des matchs de foot sur MA télévision. Si j'étais au pouvoir, j'interdirais tout simplement ce jour maudit.

20 AVRIL
322e jour de captivité

Y a-t-il quelqu'un pour venir m'aider au plus vite ? Je me trouve dans une situation aussi ubuesque qu'inconfortable. En fin de matinée, alors que je traînais dans le bureau de la maison, je n'ai rien trouvé de mieux que de vouloir jouer avec un rouleau de Scotch.

Après cinq minutes de jeu, je me retrouve entièrement saucissonné telle une paupiette de veau (ça me donne faim !), incapable de bouger une patte. Aidez-moi, s'il vous plaît.

22 AVRIL
324e jour de captivité

Idée de business à développer :

Rapid' Pizz' chat : un service de livraison de boîtes 24 h / 24, 7 j / 7.

23 AVRIL
325e jour de captivité

Tel Moïse recevant de Dieu les Dix Commandements sur le mont Sinaï, du haut des étagères, famille Crétin, je vous envoie mes dix commandements :

1. Tout ce qui est à vous est à moi.
2. Lorsque je dors, tu ne me réveilleras point.
3. Des gamelles pleines, tu me fourniras.
4. En silence, tu me vénéreras.
5. Tous les jours, ma litière tu changeras.
6. De mon canapé, tu dégageras.
7. Le numéro du vétérinaire, tu oublieras.
8. Lorsque je le déciderai, avec moi, tu joueras.
9. De friandises, tous les jours, tu me nourriras.
10. Un plus grand jardin, tu achèteras.

Voilà, ça me paraît la moindre des choses pour m'assurer un minimum de confort et de tranquillité d'esprit. Ah oui, j'allais oublier : si tu contreviens à l'une de ces simples règles, la foudre, sur ta tête, tombera.

27 AVRIL

329e jour de captivité

Je ne suis pas très télévision, mais je me passionne pour les chaînes info. Je suis accro à BFMTV. C'est une délectation de voir, chaque jour, les hommes se faire la guerre, les catastrophes naturelles, les scandales politiques, entendre que les impôts vont augmenter, les déficits se creuser… et de me dire que, Dieu merci, je suis un chat et pas un homme. Je peux alors me recoucher, l'esprit serein, dans mon canapé préféré.

28 AVRIL

330e jour de captivité

C'est l'histoire de deux chiens qui discutent. L'un demande à l'autre :
– C'est quoi, ton nom ?
– C'est Ché.
— Ché ? C'est plutôt bizarre...
— Ben, pourtant, mon maître me dit tout le temps : « Va, cher Ché ! »
Ah ! j'adore les blagues sur les chiens ou sur les humains. J'ai le sens de l'humour, à condition qu'on ne se moque pas de moi.
Une autre ?
Que donne le croisement d'un boxer avec un caniche ? Une boniche...
Si j'avais des amis chats, je le leur raconterais, mais je n'en ai pas. Vous le savez, je déteste mes congénères.
Ce n'est pas physique, c'est juste une question de territoire. Les frontières de la maison sont strictement fermées. Elles sont gardées trois heures sur vingt-quatre, lorsque je ne suis pas en pleine sieste.

29 AVRIL

331ᵉ jour de captivité

Je suis très attaché à ma liberté. Les animaux en captivité ne font jamais de vieux zoos. Mon Dieu que je suis drôle ! Si Gad Elmaleh cherche une première partie, qu'il me contacte.
Sur ce, c'est l'heure de ma sieste. Comment ça, fainéant ? Sachez, désagréables lecteurs, que les koalas dorment près de vingt heures par jour, soit autant qu'un sénateur.

2 MAI

334ᵉ jour de captivité

C'est affolant ce que je peux perdre mes poils en ce moment. On peut me suivre à la trace grâce aux nombreuses touffes de poils que je laisse, tel le Petit Poucet sur son chemin.
Le canapé est recouvert, depuis quelques

jours, de 2 centimètres de poils et le dressing de Séverine ressemble à la caverne d'un ours. Si on réunissait toutes les boulettes de poils que j'ai perdues depuis ma naissance, on pourrait, je pense, créer une nouvelle planète.
J'ai peur de finir aussi dégarni que le crâne de Marc. Je me demande s'il existe des implants capillaires pour nous, les chats.

3 MAI
335e jour de captivité

À quoi cela sert-il d'avoir plusieurs gamelles si elles sont toutes vides ?
Et comme je n'ai pas un sou en poche, ni de poche d'ailleurs, je ne peux même pas aller m'acheter mes boîtes moi-même.
Alors, comment faire pour gagner de l'argent sans travailler ?
Après une nuit blanche de vingt minutes, j'ai trouvé la plus géniale des idées pour me faire de l'argent facilement. RENAULT.

Il me suffit SAMSUNG de placer discrètement CHOISISSEZ BIEN, CHOISISSEZ BUT des publicités CARGLASS RÉPARE, CARGLASS REMPLACE au milieu de mon texte LA VIE, LA VRAIE, AUCHAN de façon subliminale LAPEYRE, Y EN A PAS DEUX, sans que le lecteur, KIABI, LA MODE À PETITS PRIX, ni mon éditeur, ON SE LÈVE TOUS POUR DANETTE, ne s'en rendent compte. Je suis persuadé, COCHONOU, LE SAUCISSON PUR PORC COMME ON L'AIME CHEZ NOUS, que ce sponsoring discret, CARREFOUR, JE POSITIVE, deviendra la norme pour sauver, ORANGINA, SECOUEZ-MOI ! l'industrie du livre. POINT S.

6 MAI
338e jour de captivité

Pincez-moi, je rêve ! Je vais me réveiller de ce cauchemar, tranquillement allongé sur mon coussin, et je rigolerai d'avoir fait ce rêve idiot. Allez, 1, 2, 3, je me réveille.

Non, ce n'était pas un cauchemar ! Ce grand dadet de Marc vient vraiment d'accepter de garder la chatte du voisin à la maison ce week-end ! Sur MON territoire, un CHAT !
Je l'entends encore, au téléphone, dire au voisin de sa voix la plus mielleuse :
« Mais bien sûr que cela me ferait plaisir de garder Minnie, votre chatte. Je suis sûr qu'elle va s'entendre à merveille avec mon petit Edgar. Ça ne doit pas être drôle pour lui de vivre seul ! »

8 MAI
340e jour de captivité

Ça y est, l'ennemie est dans les murs depuis quelques minutes. Je la surveille du haut de l'armoire. Elle sait que je suis là, je sais qu'elle est là. Nous nous regardons en chats de faïence. Il y a autant de tensions dans la pièce qu'à la frontière entre la Corée du Nord et la Corée du Sud.

J'ai pris soin, avant son arrivée, d'imprégner l'appartement de mon odeur afin qu'elle comprenne qui est le maître des lieux.
La tension est insoutenable, le week-end va être long, très long.

9 MAI

341e jour de captivité

Je ne suis définitivement pas fait pour la colocation ! Devoir partager ma litière, mes boîtes, ma maison et mes humains avec Minnie, la chatte du voisin, m'est totalement insupportable !
Cela fait maintenant douze heures qu'elle est CHEZ MOI. Nous ne nous sommes toujours pas adressé la parole et évitons, autant que possible, de nous croiser dans les couloirs. Nous avons, en quelque sorte, la même relation qu'un couple en pleine procédure de divorce.

10 MAI

342e jour de captivité

Je suis totalement épuisé par cette tension insoutenable due à la présence de l'intruse. Bon, elle n'a pas l'air si antipathique que cela, mais je ne peux pas me permettre, en tant que chef de cette maison, de sympathiser avec l'ennemie.

L'instinct de protection de son territoire est ancré en nous, les chats, depuis la nuit des temps. Si la nouvelle se répandait dans le quartier que ma maison était ouverte à tous les chats, mon salon et ma cuisine ressembleraient à un refuge de la SPA, et ça, je ne peux vraiment pas me le permettre !

11 MAI

343e jour de captivité

Ça y est, elle est enfin partie ! J'ai survécu à une cohabitation de plus de quarante-huit heures avec la chatte de la voisine. Ce week-end a été aussi long, froid et pénible qu'un hiver sibérien.

L'appartement est à nouveau vide de tout intrus et je suis tranquillement installé sur MON canapé. Le vieux Patapouf dort dans un coin et je suis enfin seul. Terriblement seul ! C'est vrai, cher journal, je me sens souvent seul, pas un chat à qui faire la conversation, avec lequel jouer ou faire des câlins. Je me demande pourquoi ma famille n'adopte pas un autre petit chat pour me tenir compagnie...

13 MAI
345e jour de captivité

Mon éditeur me demande, pour surfer sur le succès de *Cinquante Nuances de Grey*, d'ajouter un peu d'érotisme à ce journal intime.
Alors, voilà, cher journal, hier soir, j'ai rencontré une chatte sublime. Je n'avais jamais vu une femelle aussi sexy et provocante. Elle était allongée, entièrement à poils, sur son balcon. Puis elle a descendu, lentement, les marches vers moi. De sa démarche féline et sexy, elle s'est approchée, s'est lovée tout contre moi, a commencé à me caresser tendrement, n'écoutant que mon désir j'ai... j'ai... J'AI RIEN FAIT ! JE VOUS RAPPELLE QUE JE SUIS CASTRÉ !
Alors maintenant, oust les pervers !

17 MAI

349e jour de captivité

Chers téléspectateurs, nous sommes en direct du jardin où Edgar, le chat aventurier, va tenter l'exploit, sans précédent, d'escalader le chêne centenaire.

Rappelons, chers téléspectateurs, que le chat Edgar est connu pour sa vaillance, sa musculature et son intelligence hors norme. Le voilà qui commence, toutes griffes dehors, l'ascension de l'arbre. Le voici déjà à la moitié de la montée et il arrive au sommet de l'arbre devant un public ébahi.

Il n'a pas démérité son surnom de Capitaine Courage !

17 MAI

349e jour de captivité

Ah oui ! C'est haut quand même ! Quelle vue sur tout le voisinage ! J'aperçois même Minnie, la chatte du voisin. Je ne sais pas si elle se souvient de moi et du week-end enchanteur que nous avons passé ensemble. Bon, il va bientôt être l'heure de dîner. Va falloir penser à redescendre...

Purée, c'est haut quand même ! Je vais me briser les pattes. Mais pourquoi suis-je monté là-haut, moi ?

Cher journal, je suis maintenant bloqué au sommet de l'arbre depuis près de trois heures. La nuit commence à tomber. J'ai froid et j'ai le vertige, mais pas question de descendre de l'arbre, de me rompre le cou et de gâcher, bêtement, une de mes neuf vies.

Hé ho ! Marc, je suis bloqué ! Séverine, Léa, Rodolphe, Patapouf ! Sortez-moi de là !

18 MAI

350e jour de captivité

Il est 7 heures du matin et je suis toujours coincé dans ce maudit arbre, incapable d'en descendre. J'aperçois ma famille dans la cuisine, prenant tranquillement leur petit déjeuner. Ma disparition a l'air de les inquiéter autant que celle des dinosaures il y a 160 millions d'années.

14 heures : j'ai tellement faim que je suis prêt à manger des légumes ! Heureusement, mon calvaire semble bientôt se terminer. Les pompiers sont en train d'installer leur grande échelle pour venir me secourir.

Quelle honte pour l'aventurier que je suis de me faire aider par des pompiers ! Et ce, sous les yeux de tous les voisins, sortis de chez eux pour assister à mon humiliation publique.

Bon, sachez que je le regrette, mais j'ai dû me débattre et griffer le pompier, afin de sauver la face et de faire croire aux voisins

et à ma famille que je ne voulais pas descendre de mon arbre, que je n'avais aucunement besoin d'aide.
Disons simplement que je faisais une partie de chat perché et que je l'ai gagnée.

19 MAI
351e jour de captivité

52 minutes, 45 secondes, record battu ! Je n'ai rien avalé depuis 52 minutes et 45 secondes. Maintenant, cher journal, je te laisse, il est grand temps pour moi de me ruer sur mes croquettes.

20 MAI

352ᵉ jour de captivité

Après toutes ces aventures, je sais, cher journal, je t'ai un peu délaissé, mais j'ai beaucoup dormi, mangé, dormi, mangé, dormi, mangé, dormi, mangé, dormi, mangé, dormi, mangé, dormi, mangé, dormi, mangé, dormi, mangé, dormi, mangé... la vie quoi !

Le jeune Rodolphe considère que je dors trop, il me trouve trop au lit pour être honnête (Gad, toujours pas de première partie ? Et toi, Arthur ? Ou Roumanoff ? Bon... tant pis). Dès que le jeune bipède me voit assoupi, il ne peut s'empêcher de me solliciter pour « jouer » avec lui.

Comment lui faire comprendre que jouer avec des petites voitures ne me passionne guère ? Quant à la Playstation, l'idée de tirer à la Kalachnikov me tente énormément, mais mes pattes sont trop petites pour le joystick.

21 MAI

353e jour de captivité

Comment ça « va chercher la balle » ? Mais ils me prennent pour un footballeur professionnel ou quoi ?
Sachez, humains, que j'ai un QI bien supérieur à celui d'un sportif. Vous aussi, d'ailleurs, sinon vous seriez incapable de lire ce livre. Alors, la prochaine fois que l'on me dira d'aller chercher la baballe, j'irai chercher la baballe et je vous la lancerai à la figure. Je vous assure que cette famille, au Salon de la bêtise, serait du côté des exposants.

22 MAI

354e jour de captivité

Connaissez-vous l'histoire de *Puff le chat* ? C'est un chat qui ne traverse pas la route et qui ne se fait pas écraser ! parce qu'un chat c'est quand même beaucoup moins bête qu'un chien !

J'ai de plus en plus de mal à supporter Patapouf. Il n'est pas méchant, mais il m'agace au plus haut point.

Pourquoi s'obstine-t-il à aboyer, tous les matins, après ce pauvre facteur ? Après tout, ce n'est pas lui qui paye les factures qu'il nous livre.

Les seules choses que je n'aime pas à la Poste, ce sont les calendriers avec des petits chats prenant des poses lascives que ne renieraient pas les *Dieux du Stade*.

Et ne croyez pas que je sois jaloux que la Poste ne m'ait jamais contacté pour poser sur ses calendriers. Pas du tout ! Et si, par hasard, ils me demandaient de devenir mannequin, je veillerais à choisir un photographe de mode très coté, afin qu'il puisse me sublimer et que toutes les mamies de France tombent en extase devant ma beauté.

23 MAI

355e jour de captivité

Je suis comme un espion de la CIA. Je rôde la journée entière dans la maison, j'en connais les recoins les plus sombres, je reste en planque pendant des heures et, grâce à mon flair, je connais tous les secrets de la famille. Mais ma déontologie m'interdit de vous les raconter.

À moins que vous insistiez... Vous insistez ? C'est d'accord, mais ça reste entre nous.

La jeune Léa a l'habitude de fumer une sorte d'herbe à chat avec ses copines quand les parents ne sont pas là.

Marc, qui est censé faire un régime, cache de la nourriture dans le garage. Heureusement, j'ai trouvé sa cache et me régale avec son saucisson, mais seulement pour son bien et non par gourmandise.

Rodolphe se relève après 20 heures pour jouer à sa console de jeux.

Je n'ai encore rien trouvé de compromettant sur Séverine, mais je continue mon

enquête et ne désespère pas de trouver son vice.
Je compte sur votre discrétion. Ces informations me seront très utiles, au cas où, pour les faire chanter.

25 MAI

357e jour de captivité

Il faut absolument que je vous raconte ma soirée. Ma famille et le chien m'avaient lâchement abandonné, samedi soir, pour aller à je ne sais quelle fête.
Vers 23 heures, un cambrioleur est entré dans la maison pour dérober quelques bijoux ainsi que l'ordinateur portable. N'écoutant que mon courage, j'ai bondi sur lui, je me suis frotté entre ses jambes et lui ai offert mon plus beau ronronnement afin qu'il me nourrisse d'une boîte supplémentaire. Mais ce sale type est parti sans faire attention à moi ! Il y a vraiment des gens malhonnêtes.

26 MAI

358e jour de captivité

Je ne suis pas de nature superstitieuse mais je déteste les chats noirs... gris aussi, ainsi que les roux, sans oublier les blancs.

27 MAI

359e jour de captivité

Quand j'ai l'impression d'être inutile, je pense à l'ONU et je relativise.
Si vous pensez que l'oisiveté vous apporte une vie facile, vous vous trompez ! Je dépense énormément d'énergie pour me reposer. C'est une véritable quête, la recherche de l'endroit idéal pour faire la sieste.
En arrivant dans la famille Crétin, j'ai commencé par dormir dans le panier qui m'était assigné. Un panier de piètre qualité que j'ai boycotté très vite. J'ai ensuite opté pour le lit des parents, confortable mais

inutilisable la nuit à cause de leur présence parasitaire. Le canapé du salon a été mon lieu de repli, confortable certes, mais trop exposé aux caresses éventuelles. En attendant de trouver mieux, mon endroit préféré du moment est le siège en cuir du bureau. Une quête comme la mienne, à la recherche du Saint Graal, n'est jamais terminée.

28 MAI
360e jour de captivité

Cher journal, aujourd'hui est un jour spécial, un jour qui n'arrive que toutes les deux, trois semaines, celui où je m'amuse le plus… le jour où la famille change les draps des lits !
Cela peut vous sembler idiot (si c'est le cas, sautez ce chapitre et arrêtez de gâcher ma joie), mais j'adore sauter sur le lit quand les parents installent les draps. J'aime me faufiler dans le drap-housse, ramper à

l'intérieur, m'imaginer être un aventurier découvrant un monde dangereux et en mouvement, me battre contre le monstre oreiller et le serpent polochon.
Bon, je sens bien que vous me prenez pour un psycho-cat et que vous ne partagez pas mon enthousiasme. Ne me dites pas que vous ne prenez pas un plaisir immense à changer vos draps ? Le problème avec vous, les humains, c'est que vous n'avez aucune imagination. Chers lecteurs, je vous laisse, j'entends le frôlement des draps au premier étage... c'est l'heure de jouer !

29 MAI

361e jour de captivité

Se réveiller, regretter, se recoucher.

30 MAI

362e jour de captivité

Chut ! Ne me dérangez pas, je regarde la télé. C'est l'heure de mon émission préférée, « La Roue de la fortune ». Ne croyez pas que je m'intéresse à ce jeu pour ménagères, ni à l'humour douteux du présentateur. Non, mais je pourrais passer des heures à regarder cette roue tourner. Elle m'hypnotise, elle m'apaise. C'est idiot, mais parfois je m'approche de la télévision pour essayer de la toucher.

1ER JUIN

364e jour de captivité

Il paraît que l'on convoite toujours ce que l'on n'a pas. Ce n'est pas mon cas, probablement grâce à mon état d'élévation spirituelle dû à une pratique quotidienne du yoga et du bouddhisme. Mais il m'arrive, quand même, d'imaginer ma vie si c'était Lucienne, la voisine d'à côté, qui m'avait adopté.

Lucienne est une petite vieille de quatre-vingts ans vivant dans un confortable pavillon. J'aime bien les personnes âgées. Comme moi, elles dorment beaucoup, râlent tout le temps et j'aime leur odeur de vieux.

Je nous imagine parfois, tous les deux, regardant « Des chiffres et des lettres » sur son vieux canapé aussi usé qu'elle, dînant à 18 heures et se couchant à 19 heures. Une vie tranquille de retraités, somme toute. Je veillerais sur elle, jusqu'à son dernier souffle, puis je partirais vivre dans un pays chaud avec son héritage.

Mais, puisque l'État français ne nous reconnaît pas le droit d'hériter de nos maîtres, ce plan est caduc et je vais donc rester avec ma famille actuelle qui, malgré ses énormes défauts, n'est, ma foi, pas si mal.

2 JUIN

365e jour de captivité

Chez vous, les humains, le matin, il y a une énorme différence entre 6 heures et 6 h 05. Marc et Séverine ont la désagréable habitude de laisser leur réveil sonner au moins dix fois avant d'enfin réussir à se lever.

Et c'est vraiment très gênant pour un chat ayant, comme moi, l'ouïe si fine. Pour éviter ce désagrément matinal, j'ai pris l'habitude de venir, durant la nuit, éteindre leur réveil. Comme ça, tout le monde est content. Ils dorment plus longtemps et moi, je ne suis plus réveillé aux aurores.

Bizarrement, depuis que j'ai mis cet ingénieux stratagème en place, ils hurlent lorsqu'ils se lèvent vers 10 heures.

3 JUIN

366e jour de captivité

Je ne suis pas fainéant, j'aime juste ne rien faire. Je ne critique pas vos hobbies, ne critiquez pas les miens !

4 JUIN

367e jour de captivité

Cher journal, j'ai ce matin... veuillez m'excuser un instant, le temps de me gratter. Alors, ce matin, j'ai... un instant, je me gratte à nouveau et je suis à vous. Mais c'est dingue, ça me gratte partout, j'en ai presque envie de me déchirer la peau. C'est très désagréable. Bon, ce matin, j'ai dormi contre Patapouf et... C'est terrible d'avoir envie de se gratter à ce point ! Cher journal, je me gratte un bon coup et je reviens vers toi.

5 JUIN
368e jour de captivité

Après une nuit de grattage intensif, le verdict terrible, honteux et infamant est tombé : j'ai des puces !
Et le coupable, le criminel, le responsable de tous mes maux, le fautif est… (*roulement de tambour*) est… (*nouveau roulement de tambour pour accentuer la dramaturgie de l'événement*) Patapouf ! Oui, le chien a eu la gentillesse de partager ses parasites avec moi.
Alors des parasites colonisent ma peau, centimètre par centimètre, et cette idée m'est insupportable.
Depuis, je me cache dans les recoins sombres de la maison, je me dissimule des regards réprobateurs. Je regrette de m'être moqué de Rodolphe lorsqu'il avait attrapé des poux à la rentrée dernière.

8 JUIN

371e jour de captivité

Cher journal, j'ai une bonne et une mauvaise nouvelles. La bonne, c'est que mes parasites, les envahisseurs, ces terribles puces, ont fui mon corps d'athlète. La mauvaise, c'est que j'ai le droit à un shampooing antipuces matin et soir pendant une semaine. Et je déteste me faire shampouiner !

Heureusement que vous tenez, dans vos jolies petites mains manucurées (même vous monsieur, je le sais), un journal intime et pas un roman-photo, car j'aurais eu bien trop honte que vous me voyiez après mon shampooing, les poils ébouriffés, coiffé avec un pétard, ressemblant à s'y méprendre à un collégien fan de Justin Bieber, la mèche en moins (et le cerveau en plus).

15 JUIN
378e jour de captivité

Ça y est, mon traitement infamant est enfin terminé. Le prochain membre de la famille osant à nouveau s'approcher de moi avec une serviette et du shampooing s'exposera à une lacération en profondeur. Quant à Patapouf, ce sac à puces, j'ai obtenu une injonction du juge aux affaires animales pour qu'il ne s'approche plus de moi à moins de 10 mètres.

16 JUIN
379e jour de captivité

C'est un grand jour pour moi. J'ai enfin, après des heures et des heures d'espionnage, réussi à repérer l'endroit où était caché le trésor !
Pas le trésor des Templiers ou autre butin de pirates. Non, bien plus précieux que tout cela,

le trésor de la maison, l'endroit où ma famille entrepose mes boîtes. Les fourbes, les scélérats ont eu la mauvaise idée de les cacher dans un grand placard du garage. Ah ! Il m'en a fallu de la patience, de la discrétion et de la persévérance pour réussir à percer ce grand secret ! Maintenant, il me reste plus qu'à guetter et à attendre le bon moment pour m'introduire dans le saint des saints.

18 JUIN

381e jour de captivité

Cher journal, ne pense surtout pas que je te délaisse, mais le temps me manque. Je suis caché dans le garage, attendant le moment opportun pour m'introduire dans le placard à nourriture. Mon plan est simple mais efficace. Suivre Marc lorsqu'il est dans le garage et, discrètement, tel un fantôme, marcher sur ses pas et me cacher à l'intérieur. Mission impossible ? Pas pour un chat comme moi !

19 JUIN

382e jour de captivité

Mission réussie. Je suis seul dans cette cathédrale dédiée au Dieu Gourmandise. Devant mes yeux ébahis se trouve une montagne de nourriture pour chat. Je me sens aussi excité que Christine Boutin au Vatican ou que Nabila chez Sephora. J'en ai l'eau à la gueule. À moi le festin que ne renierait pas Gargantua.

Bon, on ne va pas se mentir, la deuxième partie de cette mission ne se passe pas exactement comme prévu.

Je suis enfermé dans le placard à délices depuis maintenant trois heures et dans l'impossibilité d'ouvrir une de ces dizaines de boîtes qui me narguent éhontément. Avez-vous déjà essayé d'ouvrir une boîte de conserve avec des griffes ?

Moi, oui ! Et le résultat n'est pas concluant. Sans tomber dans la paranoïa, je suis persuadé que le sadique concepteur de ces boîtes a cherché, durant des heures,

un procédé d'ouverture facile pour les hommes et impossible pour les chats. Et ce, dans le but de nous rendre esclaves des humains.
Cela fait maintenant six heures que je suis enfermé dans le placard à nourriture, en train de mourir de faim. Ironique, non ? Je pourrais, certes, manger des pommes de terre, des poireaux ou des oignons qui y sont entreposés mais je DÉTESTE les légumes.
J'ai beau miauler comme un adolescent au premier rang d'un concert de Justin Bieber, personne ne m'entend. Les forces me manquent, je sens que je vais partir, je défaille, j'aperçois au loin une lumière blanche...
Adieu, monde cruel ! L'ironie de la situation est un bon résumé de ce qu'aura été ma vie, une vie héroïque à la recherche du plaisir, une vie de courage, une vie d'aventurier des Temps modernes, une vie de... Ah ! Marc ouvre enfin la porte. TU N'AURAIS PAS PU VENIR PLUS VITE ! Allez, nourris-moi maintenant ou je te bouffe !

20 JUIN

383e jour de captivité

Hé ! Mais qu'est-ce que je sens ? Marc, Séverine, Rodolphe, Léa, j'exige une réunion de famille immédiatement ! Je sens sur vous l'odeur d'un autre chat ! Ne niez pas ! Et ce poil sur le pantalon de Marc, un poil angora ! Vous me trompez avec un autre chat ! Je suis anéanti par cette trahison !

Ah ! Je vous imagine, bande de traîtres, jouant avec l'autre, le caressant et même pire que tout... le nourrissant !

Comment avez-vous pu me faire ça ?!? Moi qui vous ai donné les six plus beaux mois de ma vie ! Moi qui suis tous les jours à la maison, à votre écoute, prêt à vous faire rire, à vous consoler, à ronronner sur vos genoux. Et vous me trompez avec le premier chat de race venu ! Vous me dégoûtez, je ne suis pas sûr de pouvoir un jour vous le pardonner.

Il ne me reste plus qu'à partir. Je ne pourrai plus jamais vous regarder en face après cette trahison… à moins que… seriez-vous prêts à faire quelque chose pour vous faire pardonner ? Je ne suis plus tout à fait sûr que vous m'aimiez (regard triste). Je suis prêt à prendre sur moi, à vous pardonner, si… si vous arrêtez de me nourrir avec ces croquettes de régime.

21 JUIN
384e jour de captivité

J'en appelle officiellement à l'ONU, à l'OTAN, à l'armée française ou à n'importe quelle armée de mercenaires pour m'aider au plus vite. Il y a un chat dans MON jardin. Je répète, il y a un chat dans MON jardin et il me nargue. Je suis bloqué derrière la fenêtre, essayant de lui faire peur, lui feulant les pires insultes, mais lui reste là tranquillement, se pavanant, se faisant dorer au soleil sur MON gazon. Il va me rendre fou !
Je vous ai déjà expliqué que nous, les chats, sommes un peu tatillons en ce qui concerne

notre territoire. Les relations entre chats, sur ce sujet, sont encore plus tendues que les relations israélo-palestiniennes.
Voici un extrait du discours que j'ai prévu de lire devant le Conseil de sécurité de l'ONU à la prochaine session :
« Messieurs, il s'est produit un grave manquement à nos accords de paix entre chats du voisinage. Ce matin, à 10 heures précises, un individu suspect au pelage roux s'est introduit dans mon jardin dans le but de jouir de mes installations et de me provoquer. C'est un grave manquement moral. Cette provocation ne doit pas rester impunie. J'en appelle donc, solennellement, à votre sens de la Justice pour ordonner un bombardement préventif des jardins voisins. Cela pourrait faire jurisprudence et éviterait, j'en suis sûr, une escalade inéluctable dans ce conflit. »

22 JUIN

385e jour de captivité

Je suis un chat particulièrement organisé. Tous les matins, je rédige une to-do-list, une liste de choses à faire dans la journée, pour ceux qui n'auraient pas compris.

Lundi :

Manger.

Surveiller le jardin.

Dormir.

Manger.

Se faire les griffes sur les rideaux.

Dormir.

Se laver.

Manger.

Jouer l'affamé, au retour de ma famille à la maison.

Manger (ou s'attaquer au rideau selon la portion de nourriture donnée).

Jouer.

Manger à nouveau.

Dormir.

Quand je vois la tonne de travail qui

m'attend pour cette journée, je me dis que vous avez bien de la chance de ne pas être un chat mais des humains sans soucis.

24 JUIN

387e jour de captivité

C'est toujours quand je dors qu'on me réveille !

25 JUIN

388e jour de captivité

Je suis, comme la plupart de mes congénères, un chat relativement conservateur. Je ne suis pas comme vous, les hommes, à courir derrière le nouveau gadget à la mode. Mes jouets préférés sont une vieille balle et un sac en plastique.

Mais je suis en train de devenir accro à la tablette tactile des Crétin. D'un coup de patte j'arrive à surfer sur Internet, d'un autre coup de patte je lance l'application *Recettes de cuisine* (j'en ai l'eau aux babines), d'un autre coup de patte encore, je détruis des cochons en leur lançant des oiseaux (les humains ont parfois des idées étranges). Et, si je perds, d'un énorme coup de patte, je fais tomber la tablette par terre, regarde à droite et à gauche pour vérifier qu'on ne m'a pas vu et je file me cacher.

26 JUIN
389e jour de captivité

Ce n'est pas pour jouer les durs, mais sachez quand même qu'à l'instar d'un routier international ou d'une rock star, j'ai un tatouage.
Bon, le mien n'est pas la représentation d'une femme nue ni de Johnny Hallyday ou d'un loup.
Mon tatouage est nullissime, totalement ridicule. Je ne me souviens pas qui me l'a fait mais si je tombe sur lui un jour, ça va faire très, très, mal. Quelle idée de me tatouer FFO3B à l'intérieur de l'oreille ? Ça ne veut absolument rien dire FF03B ! Et la qualité ! Vous verriez la qualité ! Un tatouage mal fait, à l'encre bleue. Même en prison, on en fait des plus réussis. Il paraît que ce tatouage permet de m'identifier. Je suis quoi ? Une vulgaire boîte de conserve avec un code-barres sur l'emballage ?

30 JUIN

393e jour de captivité

J'aime les films de science-fiction. Je les trouve très divertissants et ils ne me font absolument pas peur. Avez-vous remarqué que dans un film comme *Alien*, l'extra-terrestre tue tous les humains mais laisse tranquille le chat du vaisseau spatial ? Ce qui prouve indéniablement la supériorité des aliens sur les humains. J'aime les extraterrestres ! Sauf Alf qui, avec son obsession de manger les petits chats est, je pense, un véritable psychopathe.

1ER JUILLET
394e jour de captivité

Message pour le chat du voisin (je sais que tu as acheté mon livre et que tu me jalouses encore plus) : mon papa chat peut casser la gueule à ton papa chat, parce qu'il est plus fort que lui ! Je sais que ton maître a quatre-vingt-dix ans et qu'il ne se déplace qu'en fauteuil roulant mais ce n'est pas une excuse.

2 JUILLET

395e jour de captivité

Je m'inquiète de plus en plus pour la santé mentale de ma famille. Hier, dimanche, ils n'ont rien trouvé de mieux que de m'emmener faire une promenade en vélo avec eux. En vélo ! Ils avaient aménagé un panier en osier à l'avant de leur cheval de fer et pensaient, sincèrement, que cette expérience m'amuserait beaucoup.

Vous le savez, chers lecteurs, je suis excessivement courageux et demandeur d'expériences nouvelles. Mais l'idée de me retrouver sur cet engin du diable, au milieu de la circulation, à la merci de Marc, qui n'est même pas capable de marcher sans tomber (quand je cours entre ses jambes la nuit)... alors ça, non ! Ce sera sans moi. Je ne suis pas suicidaire, loin de là. J'ai beau avoir neuf vies, je tiens à les économiser au maximum.

3 JUILLET
396e jour de captivité

Chut ! Chers lecteurs, rejoignez-moi dans ma cachette. Non, pas celle-là, l'autre, la nouvelle. Soyez discrets, l'heure est grave. Ce matin, j'ai surpris une conversation entre Marc et Séverine où il était question de détartrage et de vétérinaire. Je suis persuadé que c'est pour ma pomme ! *Chut !* Ne faites pas tant de bruit, s'ils nous attrapent, nous sommes bons pour nous faire torturer chez le sadique en blouse blanche. Oui, lecteurs, vous aussi ! Je ne voulais pas vous vexer mais j'ai bien remarqué que vos dents avaient beaucoup jauni.

Fausse alerte, c'est le pauvre Patapouf qui est parti chez le vétérinaire se faire détartrer les canines. Le boulet n'est pas passé loin ! L'idée de retourner, un jour, chez le psychopathe au stéthoscope me fait faire continuellement d'affreux cauchemars. C'est bon, je viens d'entendre la voiture démarrer. Nous sommes sains et saufs.

Venez, chers lecteurs, allons fêter ça. Je paie ma tournée et je vous autorise à me regarder manger mais pas touche à ma nourriture !
Marc ? Mais qu'est-ce que tu fais là ?
Le traître, le scélérat, le Judas domestique, le félon, le vendu ! Tout ceci n'était qu'un vil stratagème pour me faire sortir de ma cachette. Je suis dans la voiture, bouillant de rage, roulant inexorablement vers ma triste destinée avec Patapouf, mon compagnon d'infortune, direction le cabinet du vétérinaire.
La salle d'attente, le stress, l'odeur adipeuse, mélange d'odeurs médicales et animales, la peur qui suinte sur les murs, chaque minute qui passe me rapproche de l'inéluctable rencontre avec le diable. *Tic, tac, tic, tac, tic, tac*, l'assistante de Belzébuth entre dans la salle d'attente et dit, d'une voix d'outre-tombe, les mots les plus terrifiants de la langue française :
« C'est au tour du mignon petit Edgar. »
Je vous épargne la description de ma rencontre avec le Malin car votre petit cœur

fragile ne supporterait pas les détails macabres de ma confrontation sordide.
Mais sachez que, maintenant, j'ai de jolies dents aussi blanches que celles d'un animateur télé.

4 JUILLET
397e jour de captivité

Je me sens, ce matin, aussi fainéant que la personne qui a inventé les panneaux routiers « Toutes directions ». Je n'écrirai donc pas une ligne supplémentaire dans ce journal. N'insistez pas ! Écoutez ! Vous l'entendez ? Ça vient du premier étage. Tendez l'oreille, c'est l'appel de ma couette. Bonne sieste !

5 JUILLET
398e jour de captivité

Avec tout ce que je lis sur l'industrie alimentaire, la vache folle, le cheval dans les lasagnes, je n'ose même pas penser à ce qu'il y a dans mes sachets de nourriture. J'ai donc adopté une position radicale en ce qui concerne mon alimentation : j'arrête de lire le journal.

6 JUILLET
399e jour de captivité

De l'aventure, de la romance, du frisson, c'est ce qui vous attend dans le prochain paragraphe de ce journal intime, alors ne zappez pas !
Je vous ai menti, il n'y aura ni aventure, ni frisson et encore moins de la romance (quelle horreur !) dans ce chapitre. Je m'essaie juste au marketing. J'apprends

énormément en regardant les publicités à la télévision. Vous êtes étranges, vous les humains, avec votre propension à mentir sans arrêt.

Nous, les chats, nous ne mentons pas, nous sommes cash et n'avons pas de temps à perdre en pieux mensonges. C'est d'ailleurs l'heure, pour moi, de vous dire vos quatre vérités !

Liste des vérités qui ne sont pas bonnes à entendre :

- À votre âge, vous devriez lire autre chose que des livres d'humour.
- Madame, votre mari vous ment, vous avez beaucoup grossi cet hiver.
- Monsieur, vous ne savez pas conduire (on dirait une femme au volant !).
- Mademoiselle, il ne vous aime pas, il veut juste coucher avec vous.
- Vous ai-je déjà dit que vous aviez un peu grossi, madame ? Oui, au temps pour moi.

7 JUILLET
400e jour de captivité

Il n'y a déjà plus de pages libres dans ce journal intime. Il faut que j'envoie Séverine à la papeterie au plus vite. En attendant, je vais poster mon manuscrit chez un éditeur. Je suis persuadé qu'il sera publié. Après tout, un chat sachant écrire avec style et érudition, ça ne se trouve pas tous les jours !
Il me reste tout juste assez de place sur ce journal pour dire à ma famille adoptive que je les aime. Mais qu'ils n'en profitent pas pour me harceler avec des câlins. Je ne suis toujours pas une peluche !

Edgar, le chat (paraît-il) acariâtre.